AN EXPLORATION OF ENGLISH-CHINESS
TEXT TRANSLATION

英汉语篇翻译探索
功能、语法与文化因素

林长洋 著

同济大学 出版社
TONGJI UNIVERSITY PRESS
·上海·

图书在版编目（CIP）数据

英汉语篇翻译探索 / 林长洋著. --上海：同济大学出版社，2022.12
ISBN 978-7-5765-0632-7

Ⅰ.①英… Ⅱ.①林… Ⅲ.①英语-翻译-研究 Ⅳ.①H315.9

中国版本图书馆CIP数据核字（2023）第001820号

英汉语篇翻译探索　功能、语法与文化因素

林长洋　著

责任编辑　张　翠
责任校对　徐春莲
装帧设计　张　微　董　缨

出版发行	同济大学出版社 www.tongjipress.com.cn
地　　址	上海市四平路1239号　邮编 200092　电话 021-65985622
经　　销	全国新华书店
印　　刷	常熟市华顺印刷有限公司
开　　本	710mm×960mm　1/16
印　　张	12
字　　数	240 000
版　　次	2022年12月第1版
印　　次	2022年12月第1次印刷
书　　号	ISBN 978-7-5765-0632-7
定　　价	68.00元

本书若有印装质量问题，请向本社发行部调换　　版权所有　侵权必究

目 录 | Contents

引 言 …… 5

第 1 章 | 语篇特征与翻译对等 …… 12
语篇类型 …… 19
语篇结构 …… 29
谋篇机制 …… 46
结语 …… 56

第 2 章 | 语境与隐含意义传译 …… 58
上下文语境 …… 61
情景语境 …… 74
文化语境 …… 85
结语 …… 92

第 3 章 | 句法功能与语际转换 …… 94
小句层级 …… 96
小句之上层级 …… 108
小句之下层级 …… 135
结语 …… 144

第 4 章 | 文化因素与翻译改写 …… 145
翻译目的和翻译规范 …… 147

诗学和意识形态 …… 160
结语 …… 177

参考文献 …… 178
后记 …… 191

引 言

  翻译是和人类历史一样久远的跨语言、跨文化社会实践活动。由于语言交际总是以语篇形式出现，除了少数特定用途的情况外（如教学），"翻译活动大多数是以语篇形式发生的"[1]。[2] 尽管语篇翻译实践早已有之，语篇翻译研究的时间却不长。在20世纪六七十年代之前，语言学导向的翻译研究往往将句子作为其研究层次的上限，着重讨论翻译中的词汇语义分析和语际转换问题。在70年代，荷兰翻译理论家霍姆斯（J. Holmes）在《翻译研究的名与实》一文中提出，鉴于"语篇语言学从句法语言学中分离出来的明显趋势"，希望"这种分离趋势能促使语言学方向的翻译研究突破句子层次翻译理论的局限，展开更为复杂的工作——建立语篇层次的（即不限定层次

---

1 WILSS W. The science of translation: problems and methods [M]. Shanghai: Shanghai Foreign Language Education Press, 2001: 112. 若未特别注明，本书外语引文均由笔者自译，引文方括号内文字均为笔者所加。
2 国内外语言学家们对于"语篇"没有统一的定义。有学者把有着清晰可辨的起止标记的口头语言称为话语，将书面语言片段称为篇章，也有学者称为语篇。本书采用胡壮麟先生的定义，将"任何不完全受句子语法约束的在一定语境下表示完整语义的自然语言"视为语篇。参见：胡壮麟. 新编语篇的衔接与连贯 [M]. 上海：华东师范大学出版社, 2018: 8.

的)翻译理论"。[1] 此后,威尔斯(W. Wilss)、豪斯(J. House)、纽马克(P. Newmark)、斯奈尔—霍恩比(M. Snell-Hornby)、哈蒂姆和梅森(B. Hatim and I. Mason)、莱斯(K. Reiss)、费米尔(H. Vermeer)诺德(C. Nord)、图里(G. Toury)、切斯特曼(A. Chesterman)、勒菲弗尔(A. Lefevere)、勒代雷(M. Lederer)、贝尔曼(A. Berman)、罗选民、李运兴、张美芳、王东风、张德禄、司显柱、莫爱屏、胡明亮等翻译研究学者对语篇翻译展开了系统深入的探讨。这些研究主要包括四个方面。

第一,翻译导向的语篇分析研究。这个方面有代表性的学者是威尔斯、诺德,以及哈蒂姆和梅森。威尔斯在《翻译学:问题与方法》(*The Science of Translation: Problems and Methods*)一书中提出旨在再现源语篇特征的回顾式语篇分析模式(retrospective text analysis);诺德在《翻译的语篇分析》(*Text Analysis in Translation*)中提出"以目标语篇生产为中心、控制源语篇在目标语言中的兼容性"的前瞻式语篇分析(prospective text analysis);哈蒂姆和梅森在《语篇与译者》(*Discourse and the Translator*)中提出分析语篇的语境构型,确定源语言/目标语言相似语篇的语篇类型焦点、结构和谋篇机制的对比式语篇分析模式(comparative text analysis)。[2]

第二,语篇翻译的文化制约因素研究。翻译的终端产品是目标语篇,目标语篇直接源于发生于现实世界的翻译行为,必然受到翻译行为的参与者以及反映行为所发生的社会文化语境的影响。莱斯、费米尔、诺德、图里、切斯特曼、勒菲弗尔、贝尔曼等学者分别从翻译目的、翻译规范、意识形态、诗学和读者期待视域等角度切入,

---

1 HOLMES J. Translated! papers on literary and translation studies[M]. Beijing: Foreign Language Teaching and Research Press, 2007: 75.
2 WILSS W. The science of translation: problems and methods[M]. Shanghai: Shanghai Foreign Language Education Press, 2001: 114, 118-120; NORD C. Text analysis in translation[M]. Amsterdam: Rodopi, 2006: 26, 34.

分析社会文化因素对语篇翻译的制约，帮助人们准确认识翻译的现象和本质，启发人们对各类翻译制约因素进行深入分析。[1]

第三，语篇作为翻译单位研究。对于这个问题，学者们大体持正反两方面观点。巴斯奈特（S. Bassnett）、伯格兰德（R. De Beaugrande）、司显柱等认为语篇作为翻译基本单位有利于做到意义忠实、表达通顺；纽马克、谭载喜、申连云等认为，笼统地声称语篇是翻译基本单位，实际上忽视了"翻译单位"暗示的"最小语言片段"的意思，没有考虑翻译操作阶段的困难。[2] 针对这一问题，罗选民主张将语篇作为翻译分析单位，小句作为转换单位。[3]

第四，语篇翻译实践操作研究。哈蒂姆从对比语篇学角度对英语——阿拉伯语翻译实践问题作了探索。[4] 在国内，李运兴从语篇功能、语域、语境、衔接、连贯、语篇结构等维度，对英汉语篇翻译实践进行了较为系统的梳理，并提出"以句子以上的级层作为语篇翻译的决策级层""句子以下的级层作为操作级层"。[5] 张美芳从体

---

1 BERMAN A. Translation and the trial of the foreign[M]//Translation Studies Reader. London & New York: Routledge, 2012: 284-297; NORD C. Translating as a purposeful activity: functionalist approaches explained[M]. Shanghai: Shanghai Foreign Languages Education Press, 2001: 22-31; VERMEER H J. Skopos and commissions in translational action[M]//Translation Studies Reader. London: Routledge, 2000: 221-224; TOURY G. Descriptive translation studies and beyond[M]. Shanghai: Shanghai Foreign Languages Education Press, 2001: 53-63; CHESTERMAN A. Memes of translation[M]. Amsterdam& Philadelphia: John Benjamin Publishing Company, 1997: 63-70; LEFEVERE A. Translation, rewriting and the manipulation of literary fame[M]. Shanghai: Shanghai Foreign Language Education Press, 2004: 1-13.
2 BASSNETT S. Translation studies[M]. London and New York: Methuen, 1980: 117; DE BEAUGRANDE R. Factors in a theory of poetic translating[M]. Assen: Van Gorcum, 1978: 13; 司显柱.论语篇为翻译的基本单位[J]. 中国翻译, 1999, 23（2）: 14-17; NEWMARK P. A textbook for translation[M]. Shanghai: Shanghai Foreign Language Education Press, 2001: 5; 谭载喜.翻译学作为独立学科的求索与发展[M]. 上海: 复旦大学出版社, 2017: 247; 申连云.翻译单位的描写性研究[J]. 中南大学学报（社会科学版）, 2004, 10（3）: 385.
3 罗选民.论翻译的转换单位[J]. 外语教学与研究, 1992（4）: 32.
4 HATIM B. Across-cultural communication: translation theory and contrastive text linguistics[M]. Shanghai: Shanghai Foreign Language Education Press, 2001: 1-13.
5 李运兴.语篇翻译引论[M]. 北京: 中国对外翻译出版公司, 2011: 41.

裁与语域、文化语境、衔接与连贯等角度讨论了英汉翻译语篇分析,及翻译策略。[1] 莫爱屏将话语分析与翻译结合起来,从言语行为、语境、衔接与连贯、体裁分析、语域分析等层面,探讨话语分析对翻译研究的启示。[2] 此外,许多学者还从某个语篇特征为切入点,对语篇翻译实践进行探讨,如王东风、张德禄和刘汝山、胡明亮、李春蓉、李先进等对谋篇机制与翻译之间联系的讨论,李健对文学语篇翻译的研究,梁萍对语篇翻译中的文化问题研究,王晓农从认知语言学角度对语篇翻译进行的探讨,孙雪羽从系统功能语言学视角对多模态语篇翻译的研究等。[3]

梳理以上语篇翻译研究成果,可以发现,学者们对该领域展开深入探讨,成果丰富,但是在以下两方面还有继续拓展之处。

首先,现有研究成果主要从语言、文化和社会等视角出发对语篇翻译的不同侧面、不同层级进行深入的研究,但是,由于它们从不同视角的描写和阐述,相关研究发现存在一定差异甚至彼此相左的情况。在承认相关研究合理性和有效性的基础上,也有必要沿着语篇翻译的脉络主线,以相对宏观的视角梳理和比较不同研究的发现,探讨其异同和互补关系。

其次,现有研究对于语篇翻译可运用的语言分析方法、翻译过程需要考虑的制约因素以及翻译形成的决策机制等因素展开了较为深入的探讨、阐发和论述,并基于翻译实践案例进行了讨论,较为

---

[1] 张美芳.功能途径论翻译:以英汉翻译为例[M].北京:外文出版社,2015.
[2] 莫爱屏.话语与翻译[M].武汉:武汉大学出版社,2010.
[3] 王东风.连贯与翻译[M].上海:上海外语教育出版社,2009:1-58;张德禄,刘汝山.语篇连贯与衔接理论的发展和应用:第二版[M].上海:上海外语教育出版社,2018:254-261;胡明亮.语篇衔接与翻译[M].成都:巴蜀书社,2007;李春蓉.语篇回指对比与翻译研究[M].成都:四川大学出版社,2015;李先进.语篇衔接连贯与翻译策略研究[M].长沙:国防科技大学出版社,2013;李健.文学语篇翻译的多维研究[M].长春:东北师范大学出版社,2017;梁萍.语篇翻译中的文化研究[M].北京:九州出版社,2021;王晓农.基于认知语言学的语篇翻译研究[M].成都:西南交通大学出版社,2011;孙雪羽.系统功能语言学视角下的多模态语篇翻译研究[M].长沙:湖南师范大学出版社,2019.

明晰地演绎了理论研究的逻辑脉络,大大加深了译者对于翻译实践的理解和对翻译理论的认识。不过,"翻译研究是理论概括与翻译实例之间不断相互作用的过程"[1],人们对于翻译实践的认识是不断发展、深化和更新的。翻译理论在解释、描述翻译现象和翻译规律的同时,也必然存在一些未曾留意或者讨论不够深入之处。既有语篇翻译研究观点可能存在差异、矛盾或互补关系,翻译研究的理性结论和译者的直观体会之间也可能存在不一致之处,这需要通过翻译实践来检验、补充和丰富理论,也需要借助理论来归纳、凝练和阐述翻译实践发现的规律,翻译研究和翻译实践不断相互促进和发展。

基于以上理解,本书选择以语篇的"功能"为主线,从广义的功能视角,结合作者的翻译实践和反思,对英汉语篇翻译实践进行探索。

根据英国翻译学者梅森(I. Mason)的考证,"功能"一词的大致内涵是"反对将翻译行为与其语境割裂开来,坚持将真实世界情境因素作为意义及其解读的首要决定因素"。[2] 功能视角翻译研究的流派众多,有三类学术思想曾对此产生影响,即肇始于英国语言学家弗斯(J. R. Firth)并经韩礼德等学者发展的英国功能语言学传统、海姆斯(D. Hymes)创立的交际功能论和源于布勒(K. Büler)语言功能学说并由德国功能翻译学派发展出的翻译目的论。[3] 张美芳将基于英国功能语言学理论、通过语篇分析探讨翻译功能的路径称为"微观翻译功能",把以布勒语言功能模式为指导、强调根据译文在目标语境的功能采取翻译策略的路径称为"宏观翻译功能",将两者

---

[1] NEWMARK P. About Translation[M]. London: Multilingual Matters, Ltd, 1991: 5.
[2] MASON I. Communicative/functional approaches[M]//Routledge encyclopedia of translation studies. London and New York: Routledge, 1998: 29.
[3] MASON I. Communicative/functional approaches[M]//Routledge encyclopedia of translation studies. London and New York: Routledge, 1998: 29.

都视作功能路径。[1] 笔者认同张美芳教授的观点，但认为广义的功能应该还包括目标语篇（译文）在目标语境中承载的社会功能，这也是霍姆斯"功能导向的翻译研究"（Function-oriented Descriptive Translation Studies）描述的范围。霍姆斯在《翻译研究的名与实》一文中写道："功能导向的翻译研究的兴趣不在于描述翻译本身，而在于描述翻译在受众社会文化情境中的功能：相较于［源］文本本身，它更注重［翻译所处的］语境。它追问这样的问题：在特定的时代和地点，哪些文本得到翻译（同样重要的问题：哪些没有得到翻译），这一翻译最终产生了什么影响。对该领域进行深入探讨将发展出翻译社会学（或者，更确切地说，社会翻译研究，因为该领域不仅属于社会学，也是翻译学的一个合理存在领域）。"[2] 因此，将源语篇功能、目标语篇作为翻译行为结果以及它作为社会行为结果的功能综合起来，可以对英汉语篇翻译进行更全面地探讨。本书将借鉴哈蒂姆和梅森的修辞—功能语篇分析框架、功能语境理论、系统功能语法、德国功能主义翻译理论、文化学派翻译理论等相关翻译理论，对英汉语篇翻译实践进行探索。

  翻译过程包括理解和表达两个阶段。译者基于对源语篇的深入理解，考虑目标语言规则、表达习惯，以生成与源语篇存在某种程度上功能对等关系的目标语篇。因此，需要从功能和语义关系的视角入手，了解语篇翻译功能对等的可能途径以及其在目标语言中的具体实现方法。此外，由于翻译行为并非在真空中发生，目标语篇生成必然要考虑目标语篇承载的社会功能，因而也有必要分析文化因素对目标语篇生成的影响。出于以上考虑，本书将从四个方面进行探讨。

---

1 张美芳. 功能途径论翻译：以英汉翻译为例［M］. 北京：外文出版社，2015：6.
2 HOLMES J. Translated! papers on literary and translation studies［M］. Beijing: Foreign Language Teaching and Research Press, 2007: 72.

第 1 章以哈蒂姆和梅森的修辞—功能语篇分析框架为基础，结合莱斯等学者的论述，围绕语篇内部特征与翻译对等的关系，从语篇类型、语篇结构和谋篇机制等层面探讨翻译对等在英语翻译实践的实现方式。

第 2 章以哈蒂姆和梅森的语境—功能语篇分析框架为基础，借鉴功能语言学的语境层次理论，围绕语境对语篇意义的制约，探索谋篇机制、语用意图和互文性对语篇隐含意义传译的关系，通过案例剖析隐含意义的传译方法。

第 3 章借鉴系统功能语法，以小句转换、小句组合安排和小句主干选择等问题为切入口，从小句、小句之上和小句之下三个层级探讨语际转换的可能方法。

第 4 章梳理功能主义和文化学派翻译思想，发掘相关翻译思想的相通互补之处，从翻译目的、翻译规范、诗学、意识形态和文化多元系统等要素着手，剖析文化因素对语篇翻译的制约，以及它们与翻译改写的内在关系。

第 1 章

语篇特征与翻译对等

"微观功能"和"宏观功能"翻译研究的很多学者都认为,评价翻译的标准是"适切性"(adequacy),即翻译完成专门任务的程度。[1] 翻译是社会语境下的交际过程,涉及源语篇作者、源语言社会文化、译者、目标语篇的预期功能以及目标语言社会文化等复杂因素,从这一视角看前述判断是合理的。不过,如果抛开翻译目的等文化因素的影响,翻译通常追求目标语篇与源语篇之间的相似关系,即"对等"(equivalence)。[2] 由于翻译活动大多以语篇形式发生,追

---

[1] 如哈蒂姆和梅森以及功能主义翻译学者都认为,"适切性"是评价翻译更好的术语,但表述略有不同。哈蒂姆和梅森称"适切性"为"为完成翻译任务而确立的各项指标与(译文)用户需要之间的关系";翻译目的论创立者费米尔(H. J. Vermeer)则将"适切性"界定为目标文本相对于翻译目的或翻译要求所具有的品质(HATIM B, MASON I. Discourse and the translator[M]. Shanghai: Shanghai Foreign Language Education Press, 2001: 8; NORD C. Translating as a purposeful activity: functionalist approaches explained[M]. Shanghai: Shanghai Foreign Languages Education Press, 2001: 35)。

[2] 按照《翻译学百科词典》"对等"词条的描述,学者们关于"对等"有不同的论述,但大致的界定是"源语篇与目标语篇之间的关系,存在这种关系会让人们马上认定目标语篇是源语篇的翻译"。哈蒂姆和梅森认为"对等"是"一个相对意义的概念,即目标语篇最可能地贴近源语篇意义"。关于学者们提出的各种"对等"类型,参见《翻译学百科词典》"对等"词条的描述。参见: KENNY D. Equivalence (转下页注)

12　英汉语篇翻译探索

求"对等"也成为翻译导向语篇分析的重要动力。德国翻译理论家威尔斯指出,"从语篇语言学的角度上而言,译者必须分析源语篇,以保证获得最大程度的翻译对等"。[1] 斯奈尔—霍恩比认为,"语篇分析是翻译对等最基本的准备工作"。[2] 哈蒂姆和梅森也认为,"在传递意义的过程中,译者必须……以语篇所提供的证据为基础",[3] "以语篇类型为基础,由此探索语篇组织方案(语篇结构)与语篇内部衔接(谋篇性)的途径,我们才能充分地实现翻译对等"。[4] 随着语篇语言学的兴起,翻译导向的语篇分析在20世纪八九十年代得到较大推进,许多学者都对该领域做了不同形式、不同程度的探索,提出了各种语篇分析模式。其中,提出比较系统的分析模式的学者主要有威尔斯、诺德以及哈蒂姆和梅森。[5]

威尔斯在《翻译学:问题与方法》中提出,翻译研究的首要兴趣不是探讨抽象的理论问题,也不是确立语篇建构的普遍规则,而是要发掘语篇与翻译有关的那些表面价值。因此,翻译导向的语篇分析研究的重点是发现"交际性的语篇理论",通过实证研究验证语篇决定因素与语篇功能之间的相互依赖关系,进而推导出针对个体

(接上页注)[M]//Routledge Encyclopedia of Translation Studies. London and New York: Routledge, 1998: 77; HATIM B, MASON I. Discourse and the translator[M]. Shanghai: Shanghai Foreign Language Education Press, 2001: 8.

1 WILSS W. The science of translation: problems and methods[M]. Shanghai: Shanghai Foreign Language Education Press, 2001: 114.
2 SNELL-HORNBY M. Translation studies: an integrated approach[M]. Shanghai: Shanghai Foreign Language Education Press, 2001: 169.
3 HATIM B, MASON I. Discourse and the translator[M]. Shanghai: Shanghai Foreign Language Education Press, 2001: 33.
4 HATIM B. Across-cultural communication: translation theory and contrastive text linguistics[M]. Shanghai: Shanghai Foreign Language Education Press, 2001: 4.
5 此外,还有一些学者对此进行了论述,参见:NEWMARK P. A textbook for translation[M]. Shanghai: Shanghai Foreign Language Education Press, 2001: 11-18; REISS K. Type, kind and individuality of text: decision making in translation[M]//Translation Studies Reader. London and New York: Routledge, 2012: 160-171; SNELL-HORNBY M. Translation studies: an integrated approach[M]. Shanghai: Shanghai Foreign Language Education Press, 2001: 69-79.

语篇的、为理解语篇和重构语篇所必需的各项条件。在具体模式上,威尔斯提出以交际为导向、以发送者交际意图和接收者交际意图为核心的语篇分析模式。这种模式的主要分析项目包括语篇功能(text function)、语篇内容材料(subject matters or theme)和接收者的具体情境(receptor specificity)。[1]

诺德在《翻译的语篇分析》(*Text Analysis in Translation*)一书中提出,翻译是受翻译目的(skopoi)制约的行为,既要考虑目标语篇与源语篇互文连贯,也要考虑目标语篇与目标语言文化相互吻合。因此,翻译导向的语篇分析不是为了强求源语篇和目标语篇"对等"或"功能对等"关系,而是为了"控制源语篇在目标语言中的兼容性,然后找出源语篇中哪些元素可以加以保留,哪些必须加以改变,以使翻译符合目的"。[2] 在语篇分析的项目方面,诺德认为应将源语篇置于交际情境中,从语篇外部因素和语篇内部因素两个途径进行分析。语篇外部因素是决定语篇在交际情境中发挥哪些功能的因素,包括发送者及其意图、受众、媒介渠道、交流时空及动机、语篇功能等,可以用何人、何时、何地、何故、何种方式(who、when、where、for what、by which)来描述;语篇内部因素包括语篇主题、信息或内容、作者的预设知识、语篇结构、语言或超语言元素等。[3]

哈蒂姆和梅森在《语篇与译者》一书中指出,翻译本质上是一种跨文化交际,翻译对等不能纯粹由语篇内部实体决定;意义是语篇作者和接收者协商的结果,译者作为特殊的语篇使用者起着中继交流的作用,其必须以语篇包含的各类证据为基础来推测源语篇的意义。[4]

---

1 WILSS W. The science of translation: problems and methods[M]. Shanghai: Shanghai Foreign Language Education Press, 2001: 114, 118-120.
2 NORD C. Text analysis in translation[M]. Amsterdam: Rodopi, 2006: 26, 34.
3 NORD C. Text analysis in translation[M]. Amsterdam: Rodopi, 2006: 41-43.
4 HATIM B, MASON I. Discourse and the translator[M]. Shanghai: Shanghai Foreign Language Education Press, 2001: 33-35.

此外，语篇行为体现的意向意义并非是任意的，而是在语篇策略的统辖下形成一个整体，这种语篇策略实质上受语篇的总体修辞目的（overall rhetorical purposes）所制约。[1] 因此，他们提出了一种结合修辞和功能的翻译语篇分析框架，这一分析框架包括两大组成部分。在第一部分，语篇被置于社会交际情境之中，同时作为话语过程、交际行为和社会符号三位一体的存在。对其分析主要从语篇语境三个维度展开，分别是交际交换（communicative transaction）、语用行为（pragmatic action）和符号互动（semiotic interaction）。在第二部分，语篇被视为交际话段，对其分析主要从语篇内部特征的三个维度展开，包括语篇类型（text type）、语篇结构（text structure）和谋篇机制（texture）。

通过以上大致比较可以发现，威尔斯模式以源语篇特征分析为基础，属于回顾（retrospective）模式。诺德模式以目标语篇生产为中心，属于前瞻（prospective）模式。哈蒂姆—梅森模式分析语篇的语境构型，确定源语言/目标语言相似语篇的语篇类型焦点、结构和谋篇机制，进而为语篇翻译决策提供参考，属于对比（comparative）模式。[2] 笔者以为，翻译既涉及源语篇，也涉及目标语言的语境和文化，目标语篇的面貌不能完全由源语篇所决定，因此以源语篇为中心的语篇分析是不完整的，这是威尔斯回顾模式的不足之处；诺德的前瞻模式将源语篇分析置于次要的地位上，似乎也没有说明源语篇分析与目标语篇的具体关系；[3] 相对而言，哈蒂姆—梅森的对比模

---

1 HATIM B, MASON I. Discourse and the translator[M]. Shanghai: Shanghai Foreign Language Education Press, 2001: 139.
2 HATIM B, MASON I. Discourse and the translator[M]. Shanghai: Shanghai Foreign Language Education Press, 2001: xi.
3 诺德认为："源语篇与目标语篇之间需要'对等'的特殊情况下，'对等'式的语篇分析才有意义。"但是，非对等情况下源语篇分析在目标语语篇生成中发挥何种功能，她似乎也没有具体清楚地阐释。参见：NORD C. Text analysis in translation[M]. Amsterdam: Rodopi, 2006: 26.

式兼顾源语言与目标语言语篇的语篇常规，对语篇内外因素做了多层次、多角度的归纳，在系统性和全面性上更胜一筹，"为翻译研究提供了一些新思路和参照"。[1]

哈蒂姆和梅森认为，翻译作为促成交际双方跨语言跨文化协商的中介过程也是发生于社会情境内的交际过程，它不是不同语言实体之间的转换，而是一种跨文化交际事件。如果说意义是语篇作者与接收者之间协商的结果，那么译者作为特殊类型的语篇使用者不可避免地介入了这种协商过程。译者对意义的解读要以语篇所提供的证据为基础，这些证据不仅包括语言符号，还包括语篇交际发生的社会语境，语境则包括交际、语用和符号三个维度。[2] 在社会情境与语篇的关系上，哈蒂姆和梅森借助了功能语言学关于语言层次的三个术语：体裁、话语和语篇。体裁是规约化的语篇形式，昭显出在特定的社会情境中所设计的各种作用和目标，以及在这些特定的社会情境中参与人的目的。[3] 社会情境反映在规约化的语篇形式即体裁，体裁体现在话语（discourse）上，而话语最终实现于语篇（text）之上。[4]

至于如何通过语篇分析梳理源语篇作为交际过程所处的社会情境，进而解读源语篇所承载的意义，哈蒂姆和梅森在专著《语篇与译者》及两人后续的著作中并没有给出明确统一的框架。不过，从《语篇与译者》各章节探讨的语篇分析内容来看，似乎可以大致归纳为两个思路。

---

[1] 杨自俭.对比语篇学与汉语典籍英译[J].外语与外语教学,2005（7）:61.

[2] HATIM B, MASON I. Discourse and the translator[M]. Shanghai: Shanghai Foreign Language Education Press, 2001: 2-3.

[3] HATIM B, MASON I. Discourse and the translator[M]. Shanghai: Shanghai Foreign Language Education Press, 2001: 69.

[4] HATIM B, MASON I. Discourse and the translator[M]. Shanghai: Shanghai Foreign Language Education Press, 2001: 74.

其一，从社会情境对语言使用变项选择的制约入手，从交际、语用和符号三个维度分析语篇的语境，进而通过语境不同维度解读语篇隐含意义，寻找这些意义的传译方式。

其二，从社会情境对规约化语篇形式的制约入手，依据译者识别语篇焦点、制定语篇组织方案、实施语篇组织机制的思路，从语篇类型、语篇结构和谋篇机制等层面分析语篇的功能特征，借助语篇对比研究的发现，寻求实现翻译对等的方式。哈蒂姆和梅森关于翻译语境三维度的示意图（图1.1）在一定程度上反映了他们的语篇分析思路。

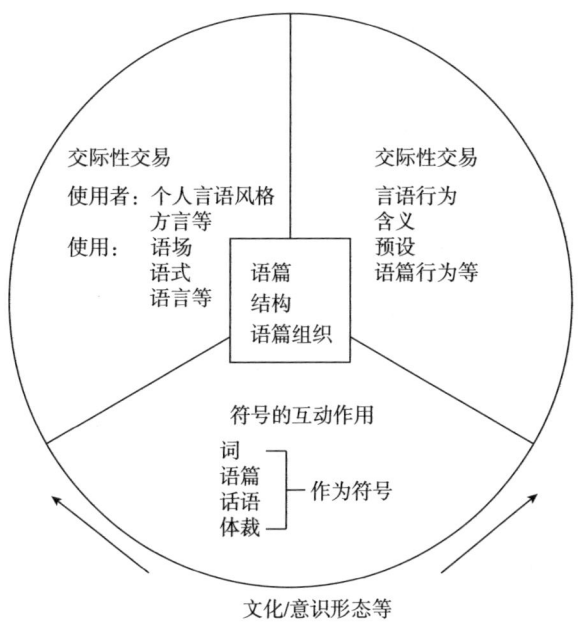

图1.1　哈蒂姆和梅森关于语境三维度的示意图[1]

---

[1] 原图在 *Discourse and the Translator* 第58页，本图引自该书的中文译本《话语与译者》第84页。参见：HATIM B, MASON I. 话语与译者[M]. 王文斌, 译. 王克非, 校. 北京：外语教学与研究出版社, 2005: 84.

由于本书按"语篇整体特征—词汇的语义—句法—社会功能"的思路设计,故本章先从第二个思路即语篇特征出发,探讨语篇特征的分析及其翻译对等实现。

哈蒂姆和梅森认为,语篇要充分承担社会交际功能,除了满足通常所言的语篇性外,还要符合伯格兰德和德莱斯勒所言的语篇效率性(efficiency)、有效性(effectiveness)和适当性(appropriateness)原则。[1] 为满足上述原则,交际参与者通常会采用适合特定社会情境的规约化语篇形式即体裁,在体裁制约下,语篇通过总体语篇策略(overall textual strategy)将各种交际意图联系起来,形成整体的语篇行为。语篇策略反映语用目的(哈梅两人称之为修辞目的)和交际意图,据此可以划分出不同的语篇类型。根据语篇类型,可以大致判断语篇的修辞目的以及交际的社会场合,并为翻译对等打下基础。随后,需要分析语篇组织的方式,即语篇成分之间如何在修辞目的指引下,通过一定的原则形成话语联系并最终形成语篇单位,对语篇组织方式的分析是语篇结构分析。最后,需要分析实现语篇修辞目的和语篇组织方式的手段,这就是谋篇机制分析。哈蒂姆在另一本专著《跨文化交际:翻译理论与对比篇章语言学》(*Across-cultural Communication*: *Translation Theory and Contrastive Text Linguistics*)中曾归纳道:"以语篇类型为基础,由此探索语篇组织方案(语篇结构)与语篇内部衔接(谋篇机制)的途径,才能充分地实现翻译对等。"[2]

---

1 HATIM B, MASON I. Discourse and the translator[M]. Shanghai: Shanghai Foreign Language Education Press, 2001: 144.
2 HATIM B. Across-cultural communication: translation theory and contrastive text linguistics [M]. Shanghai: Shanghai Foreign Language Education Press, 2001: 4.

语篇类型

语篇类型是翻译研究经常涉及的话题。[1] 在翻译史上，不同学者曾经提出许多语篇类型。[2] 哈蒂姆和梅森认为，大多数的语篇类型划分是以语场为标准的，只能表明语篇的主题材料是什么，对翻译实践的指导性不大，一些语篇类型划分（例如莱斯以"语言功能"为基础的语篇分类法）标准过于简略，单个类型项下包含的变量太多。语篇可能会同时出现好几种语篇类型的特征，语篇往往是多种功能夹杂的（哈蒂姆和梅森称之为"多功能性"），按照此前的语篇划分标准得到的分类结果往往比较模糊。针对这些问题，哈蒂姆和梅森提出要以语篇作为交际行为的本质出发，根据语篇的整体修辞目的（overall rhetorical purpose）来划分语篇类型。在他们看来，语篇是各种相互关联的交际意图的集合，交际意图的组合即为修辞目的，修辞目的是对语境焦点的回应。一个语篇只能有一个占据主导地位的修辞目的，即整体修辞目的，整体修辞目的回应受众的主要注意力即主导性语境焦点（dominant contextual focus）。据此，哈蒂姆和梅

---

1 根据语言学家伯格兰德和德莱斯勒（R. De Beaugrande and W. Dressler）的定义，语篇类型是语篇在四个维度上占据主导地位的形式所确立的清晰构型，这四个维度是：（1）表层语篇；（2）语篇脉络世界；（3）（语篇）储存的知识模式；（4）（语篇的）事件情境。
2 例如，古罗马翻译家哲罗姆（St. Jerome）就提出宗教语篇（the biblical）与世俗语篇（the secular）之别；德国哲学家施莱尔马赫（F. Schleiermacher）则将文学语篇、自然科学语篇与商业语篇区分开来。德国翻译理论家莱斯以布勒（K. Büler）语言功能学说为标准，将语篇分为"形式为中心""内容为中心"和"劝说为中心"三类。费道罗夫（A. Federov）、卡德（O. Kade）提出的文学语篇与实用语篇两分；普西勒尔（F. Pucciarell）提出的科技语篇/哲学语篇/文学语篇；莫南（G. Mounin）的新闻评论/政论/文学语篇类型划分；纽贝特（A. Neubert）以可译性为标准，将语篇划分为完全以源语言为导向的语篇、主要以源语言为导向的语篇、源语言与目标语言并重的语篇和主要或者完全以目标语言为导向的语篇。参见：REISS K. Translation criticism: the potentials & limitations [M]. Shanghai: Shanghai Foreign Language Education Press, 2001: 20; WILSS W. The science of translation: problems and methods [M]. Shanghai: Shanghai Foreign Language Education Press, 2001: 114; 谭载喜. 西方翻译简史 [M]. 北京：商务印书馆，2009: 107.

森将整体修辞目的看作划分语篇类型的基本概念框架,并将其作为指导翻译实践的关键性概念。[1] 在具体划分方面,哈蒂姆和梅森综合并简化了威尔利奇(E. Werlich)的分型和伯格兰德和德莱斯勒的分型。威尔利奇根据语篇的认知和修辞属性,划分了五种理想化的语篇类型,即论辩型(argumentation)、描写型(description)、叙述型(narration)、说明型(exposition)和指导型(instruction)。[2] 伯格兰德和德莱斯勒根据语言功能划分了三种语篇类型:描写型(descriptive)语篇、叙事型(narrative)语篇和论辩型(augmentative)语篇。[3] 哈蒂姆和梅森接受了伯格兰德和德莱斯勒的三分法,将威尔利奇语篇类型中的说明型明确为概念说明(conceptual exposition),并将其与描写型及叙述型合并成说明型(expository)大类,最终提出三种语篇类型:论辩型(augmentative)、说明型(expository)和指导型(instructive)。[4] 论辩型语篇即推动人们接受或评价特定信仰或观念的语篇,其焦点在于管理或掌控情势,将读者导向对语篇作者有利的方向;说明型语篇的语境焦点是概念分析,即将概念分解成其构成成分(分析),或者将构成成分组织成概念(综合)。除了概念说明外,说明型语篇还有两个重要的变体:描写和叙述。描写处理"对象"或"情境",叙述则以一定的顺序对"行为"和"事件"进行安排。在指导型语篇中,语境焦点是塑造未来的行为,即试图

---

[1] 此外,哈蒂姆和梅森还将"整体修辞目的"与"主导性语境焦点"合并成一个概念"语篇类型焦点"。参见: HATIM B, MASON I. Discourse and the translator [M]. Shanghai: Shanghai Foreign Language Education Press, 2001: 139-149.
[2] SHIYAB S. A textbook of translation: theoretical and practical implications [M]. Antwepen: Garant, 2006: 72.
[3] DE BEAUGRANDE R A, DRESSLER W. An introduction to text-linguistics [M]. London & New York: Longman, 1981: 186.
[4] HATIM B, MASON I. Discourse and the translator [M]. Shanghai: Shanghai Foreign Language Education Press, 2001: 153-154. 哈蒂姆在《跨文化交际》一书中将论辩型语篇区分为两个子类:一类是正向论辩(through argumentative),另一类是反向论辩(counter argumentative)。参见: HATIM B. Across-cultural communication: translation theory and contrastive text linguistics [M]. Shanghai: Shanghai Foreign Language Education Press, 2001: 40.

通过指导人们的行为或行为方式进行调节。指导型语篇有两个子类：有选项的指导和无选项的指导。[1]

哈蒂姆和梅森希望通过语篇类型焦点分析，在目标语篇中再现源语篇的交际特征，做到一定程度的"对等"。某个语篇是否符合以上原则取决于读者的判断，这种判断又取决于读者既有的语篇类型阅读经验。读者在阅读语篇时，往往会根据自己此前对特定类型语篇的阅读经验，判断自己该作出何种预设，并根据预设对语篇进行处理。语篇类型焦点影响语篇作为交际行为的效果。译者应该分析语篇类型焦点，在另一种语言再现源语篇交际效果，即翻译的对等。[2]

不难看出，哈蒂姆和梅森注重再现源语篇的特征，但没有将语篇类型与特定翻译方法联系起来。一方面是因为他们旨在跨文化交际理念下进行语篇翻译分析，另一方面可能是因为他们有意避免莱斯功能语篇类型划分标准"过于宽泛"的缺陷。不过，哈蒂姆和梅森对翻译方法的相对忽视，有时确实会让译者产生"分析完毕不知该怎么做"的茫然之感。在这方面，莱斯的功能语篇类型划分框架似乎可以补充哈蒂姆—梅森框架的不足。

莱斯（K. Reiss）注重语篇类型与翻译方法的联系，部分原因也在于此前的语篇类型划分标准不统一，类型之间存在交叉，或者不能完全覆盖所有的语篇类型，简而言之，具有内部的不一致性；再者，语篇类型以材料主题为划分标准可能会导致不合理的翻译决策。语篇类型通常决定译者的翻译途径，但上述粗略的划分会产生难以理解的决定。例如：广告传单被列入实用文体，其翻译应该是以信息为中心；廉价小说属于文学语篇，其翻译应该关注语篇中的"文

---

[1] HATIM B, MASON I. Discourse and the translator[M]. Shanghai: Shanghai Foreign Language Education Press, 2001: 156-158.

[2] HATIM B, MASON I. Discourse and the translator[M]. Shanghai: Shanghai Foreign Language Education Press, 2001: 144, 76.

学技巧",这与译者的一般认识是相左的。因此,莱斯认为,翻译的语篇分类不能以语篇表达的内容(如文学或宗教)为依据,而应该以其表达媒介——语言为基础,"每个语篇都必须加以详察,以精准确定其表征的语言功能是什么"。[1] 她采纳德国哲学家布勒(K. Büler)的语言功能理论,认为语言同时具备三种功能,即再现(representative)功能、抒发(expressive)功能和呼吁(appellative)功能。在语言表达中可能存在多种功能,各功能之间存在结合和交叉,三种功能地位并不一定平等,某种功能可能占据主导地位。在此语篇(或语篇的部分)中占主导的可能是再现成分,在彼语篇(或语篇的另一部分)中占主导的可能是抒发成分,在另一语篇中占主导的则可能是呼吁成分。尽管语篇功能具有复杂性,但莱斯认为,可以将语篇分成三种类型:(1)突出再现功能的,是以内容为中心的语篇(content-oriented text);(2)突出抒发功能的,是以形式为中心的语篇(form-oriented text);(3)突出呼吁功能的,是以劝说为中心的语篇(persuasion-oriented text)。[2] 语篇类型通常决定翻译方法,三种语篇类型在翻译方法上各有侧重。[3] 商务信函、科技文章

---

[1] REISS K. Translation criticism: the potentials & limitations[M]. RODES E F. Shanghai: Shanghai Foreign Language Education Press, 2001: 25.

[2] 在《翻译批评——潜力与制约》(1971)中,莱斯除了以上三种类型之外,还添加了一种"视听媒体语篇"。不过,在其后续的论著如《语篇类型、种类和特质:翻译中的决策》(1976)中,莱斯放弃了这一类型,因此本章不对这一类型加以介绍。参见: REISS K. Type, kind and individuality of text: decision making in translation[M]//Translation Studies Reader. London and New York: Routledge, 2012: 162.

[3] 虽然莱斯声称语篇类型决定翻译方法,但从其行文来看,她提出的实际上是目标语篇与源语篇的对应关系,并非语篇类型与翻译方法的关系。在这方面,其他翻译家和翻译研究学者做出了一些探讨。如哲罗姆认为宗教语篇(the biblical)适合采用直译,世俗语篇(the secular)适合采用意译;施莱尔·马赫认为文学语篇和自然科学语篇的翻译是真正的翻译,商业语篇的翻译是机械翻译。在当代学者当中,在语篇类型观点上与莱斯相近的纽马克区分了语义翻译和交际翻译,认为语义翻译适合"信息型语篇"和"抒发型语篇",交际翻译适合"呼吁型语篇";豪斯(J. House)区分隐性翻译(covert translation)和显性翻译(overt translation)。诺德则提出文献翻译(documentary translation)和工具翻译(intrumental translation)。

等语篇以内容为中心，主要关注信息的交流，其目的在于传达的有效性和信息的准确性。[1] 散文和诗歌等语篇以形式为中心，关注作者利用形式元素创造的具体审美效果，翻译此类语篇时首要的要求是获得相似的审美效果，通过新的形式创造对等。广告等语篇以劝说为中心，重点在获得某种非语言效果，翻译此类语篇时，译文在目标语言中的效果应该与原文在源语言中的效果相同。[2]

莱斯的语篇类型以语言功能为统一划分标准，较为全面地涵盖了各种语篇，为翻译实践提供了一定的指导性。[3] 但是，这一划分方法也有不足。其一，以主导性语言功能为标准划分语篇类型，只能在某一层级（如语篇整体）划分类型，不能解释语篇局部主导功能的变化。正如哈蒂姆和梅森所指出的，语篇是复杂的，很少有完全符合某个类型的语篇。在语篇全局占据主导地位的功能，未必在语篇局部占据主导地位。因此，语篇类型与翻译方法的关系，只能是宏观的、大致的原则。其二，以语言功能为基础划分语篇类型，只能做到粗略的分类。同一类型语篇在形式上多种多样，它们可能分属不同的语场，例如，以内容为中心的语篇既有新闻语篇，也有科技语篇和法律语篇。同一类型语篇的语篇结构、用词特点、语法形式上也可能差异甚大，例如，以下两则广告语篇都属于以劝说为中心的语篇类型，但前者采用"摆事实讲道理"的说明性劝说方式，而后者在采用"辩论说服"的劝说方式，两者差异甚大。

---

1 REISS K. Translation criticism: the potentials & limitations [M]. RODES E F. Shanghai: Shanghai Foreign Language Education Press, 2001: 30-32.
2 REISS K. Translation criticism: the potentials & limitations [M]. RODES E F. Shanghai: Shanghai Foreign Language Education Press, 2001: 41.
3 已有不少国内学者运用莱斯理论进行翻译研究, 如: 陈琳. 语篇类型与翻译策略关系研究[J]. 求索, 2004 (9): 190-191; 王雪. 语篇体裁、语篇类型与翻译[J]. 外语与外语教学, 2004 (10): 51-53; 司显柱, 曾剑平. 语篇: 功能·类型·翻译[J]. 中国科技翻译, 2007 (2): 8-11.

例 1.1

A growing body of evidence suggests that maintaining healthy teeth and gums is important not only to health of your mouth, but may be important to your overall health.

Colgate Total has a unique, patented formula that creates a protective barrier that fights germs for a full 12 hours. That helps to prevent and reduce gum inflammation from gingivitis, a mild form of gum disease, which if left unchecked may lead to serious gum disease. Emerging scientific research is associating serious gum disease with other disease like heart disease, diabetes and stroke. [1]

例 1.2

COME OUT OF YOUR SHELL... TRY SMIRNOFF

Everyone else is enjoying Smirnoff drinks. Why not you? Smirnoff Screwdrivers with orange juice. Smirnoff Bloody Marys with tomato juice. Smirnoff Mules made with 7-up. The driest Martinis. The smoothest drink on-the-rocks. Only Smirnoff, filtered through 14,000 pounds of activated charcoal, makes so many drinks so well. Come out where the sun and the Smirnoff shine. It's a delicious world.

ALWAYS ASK FOR SMIRNOFF VODKA. It leaves you breathless.

莱斯似乎也意识到这种三分法也存在划分标准比较粗略的问题，曾尝试提出一种双层划分模式，即根据语篇主要特征划分语篇类型

---

[1] 本例和例1.7、1.8及其译文曾用于笔者参编的教材《英汉互译理论与实务》第4.3部分"广告翻译"。王爱琴，高万隆. 英汉互译理论与实务[M]. 南京：南京大学出版社，2011:226-236.

(Texttyp），再细分为语篇类别（Textsorte）。[1] 语篇类型旨在确定翻译方法，即目标语言中应该优先保留哪些要素，语篇类别关注的是翻译时要加以考虑的语言因素。[2] 莱斯将语篇类别看作类似于文体、体裁或"主题材料"（subject matter）之类的东西，阐述十分简单。这种划分仍然没彻底解决传统的语篇类型二分法/三分法存在的问题。

既然哈蒂姆—梅森框架和莱斯的框架各有差异，两者是否有相互补充之处？从表面看来，哈蒂姆和梅森对莱斯语篇类型划分标准持批评态度，双方的语篇类型分析框架似乎有巨大的差异，彼此是互不兼容的替代关系。不过，笔者认为，从指导翻译实践这一视角来看，双方还是存在结合的可能。首先，两者都承认语篇的杂糅性（hybrid nature），都为兼容其他语篇类型划分方法留有余地。其次，两者的划分标准都是语篇的交际功能，在性质上存在相互补充的可能性。莱斯明确说明其语篇类型划分以语言承载的功能为基础，哈蒂姆和梅森虽然以整体修辞目的为基础，但在他们的论述中，修辞目的与功能经常交换使用，并且"整体修辞目的"有时还被明确称为"语篇功能"。[3] 从这一视角来看，两种语篇类型划分方法的标准在性质上是基本近似的，存在相互补充的可能性。最后，两者的语篇类型分析框架都暗含多层结构，具有相互补充的可能性。莱斯提出在语篇类型之下再做语篇类别划分的双层结构；哈蒂姆和梅森虽然没有在语篇类型之下明确提出其他的划分层级，但其语篇类型划

---

[1] 莱斯的论著原文为德文，笔者收集有诺德、罗德斯（E. Rodes）和吉特恩（S. Kitron）的三种英语译文或介绍文字。在三篇文字中，Texttyp 均被译成 text type，但 Textsorte 分别译成 class、variety 和 kind。本书将 Textsorte 统称为类别。
[2] REISS K. Translation criticism: the potentials & limitations [M]. RODES E F. Shanghai: Shanghai Foreign Language Education Press, 2001: 27.
[3] 例如，哈蒂姆和梅森指出"在既定的语篇中只能保留一个占主导地位的修辞目的。这就是语篇的主导性语境焦点。其他目的也可能在语篇中出现，但是实际上附属于语篇的整体功能。如果语篇中出现多种功能，可能是修辞目的发生了转移"。参见：HATIM B, MASON I. Discourse and the translator [M]. Shanghai: Shanghai Foreign Language Education Press, 2001: 145-146.

分本身属于语境—语篇类型—语篇结构—语篇谋篇中的一环，暗含了向上和向下继续扩展的可能性。

两者的互补结合也有翻译实践方面的必要。乔斯勃格（A. Trosborg）在《语篇类型与翻译》中曾指出，单层次语篇类型模式对翻译等活动帮助有限："就语篇类型（以及交际功能）而言，我们需要一个双层次的类型学，而非单层次的类型学。在宏观语篇层次，可以认为语篇类型先于语篇策略选择层次，因此影响到语篇的总体策略；另一方面，微观语篇类型的选择则与语篇化过程有关，语篇化过程由语篇作者的语篇策略决定。"[1] 参考乔斯勃格的主张，可以将哈蒂姆和梅森与莱斯的两种语篇类型划分方法组合起来，建立一个双层的语篇类型分析框架。其中，莱斯的功能语篇类型作为框架的宏观层级标准，哈蒂姆和梅森的修辞目的语篇类型作为微观层级标准。[2] 莱斯语篇类型划分方法以主导的语言功能为标准，可以为语篇翻译方法做出宏观指引。语篇存在多种功能且局部的主导功能发生变化的情况下，可以用第二层级的修辞目的转移来解释语篇不同部分主导功能变化的现象。双层框架可以在语境与语篇的较低层级（如段落、句子）之间构成一个连续的层级系统，有利于对源语篇进行更全面的分析。双层框架还可以较为全面地说明翻译"如何"以及"在哪些方面"追求翻译的"对等"。莱斯的功能语篇类型与翻译方法相联系，指明各种语篇元素在翻译中不可兼得的情况下，如何确定取舍的优先对象；哈蒂姆和梅森的修辞目的语篇类型关注主

---

[1] TROSBORG A. Text typology: register, genre and text type[M]//Text Typology and Translation. Shanghai: Shanghai Foreign Language Education Press, 2012: 17.
[2] 在哈蒂姆和梅森关于语篇功能与修辞目的关系的表述中，也可以看到他们对这种相互补充关系的看法。例如，他们在探讨语篇交际三原则时，曾对"劝说"功能与语篇段落修辞目的的关系做如下叙述："劝说可以是目标，但为了达成这一目标，可以使用各种不同的修辞目的，比如用叙述、描写和反驳来进行劝说。"参见：HATIM B, MASON I. Discourse and the translator[M]. Shanghai: Shanghai Foreign Language Education Press, 2001: 145.

导性修辞目的，指明目标语言需要再现哪些重要的语篇特征。

我们分别以例1.1和例1.2两则语篇为例，运用双层框架进行翻译导向的语篇分析。先来看例1.1。在第一层级，例1.1语篇以呼吁功能为主导，属于以劝说为中心的语篇。翻译应追求功能对等，重视功能的达成。目标语篇要注重符合目标语言文化规范，在源语言与目标语言文化距离不大的情况下，语篇局部可以根据需要做一定的修改。在第二层级，语篇1.1共有两个段落。第一个段落主题是牙龈健康，第二个段落主题是高露洁（Colgate）牙膏的牙齿防护作用，两个段落之间有主题转移。从整体上看，两个段落的语境焦点是确立"高露洁牙膏有利身体健康"的观念，旨在推动人们建立有利于语篇作者（代表广告主）的认知，因此属于论辩型语篇。不过，语篇没有采用"论题—证实"的论辩模式，而是将有利于语篇作者（代表广告主）的段落放在较后的位置，隐蔽地引导读者按照因果逻辑得出对作者有利的推论。这种论辩模式与汉语的因果归纳论证模式相仿，因此翻译时不必加以调整。两个段落内部的语境焦点是对各自的主题句（概念）进行分析，属于说明型语篇。它们都基本按照"场景设置—场景详细分述"模式安排内容，模仿科技类语篇常见的文体特征（如被动句、复杂句、专业术语、权威数据等）。说明类的语篇构成特征和文体在英汉语言中大体相似，可以按照汉语科技语篇规范对上述内容进行再现。根据以上分析，可以将例1.1翻译如下。

译文

越来越多的证据表明，保持牙齿和牙龈健康很重要——不仅对口腔健康重要，对全身健康也可能非常重要。

高露洁全效特有专利配方能形成防护层，有效抵抗细菌12小时，预防和缓解牙龈炎造成的牙龈肿胀。牙龈炎是一种轻微的牙龈疾病，但如果不加以治疗可能趋于严重。新近的科学研究发现，严重牙龈疾病与其他疾病之间可能存在联系，如心脏病、糖尿病和脑卒中等。

再看例1.2。在第一层级，语篇以呼吁功能为主导，属于以劝说为中心的语篇，其翻译与例1.1大致相同。在第二层级，语篇的语境焦点是形塑未来的行为，属于有选项的指导型语篇。其中，"斯米诺夫伏特加"（Smirnoff）是引起读者兴趣并发出邀请的选项。该语篇具有指导型语篇的典型特征，明确或隐蔽地指向特定的选项，包括：指令易于理解（采用口语体、短句或句子片段）、话题性突出（采用熟悉词汇、贴近生活）、容易记忆（采用重复、叶韵等修辞手法和口号等文体）、富有暗示性（采用夸张性、最高级的词汇）、诉诸情感（采用具有价值评判、情感倾向或心理联想性质的词汇）以及保证可信度（引用数据、以名人背书等）。由于汉英语言在指导型语篇的语言特征上相差不大，翻译时可以将上述语篇特征再现于目标语言。不过，源语篇中某些用语是英语的习套，具有一定的语用效果，如用反问句表达邀请（"why not you"），用祈使句表示祝愿而非命令（如"always ask for..."）。在英语中，这些带有文化意义的用语与语篇整体的呼吁功能兼容良好，但在汉语语言中可能存在不兼容的问题，按照原句语义直译可能会引起"命令"读者之感，让读者产生语篇"不礼貌"的联想。翻译时宜适当调整，以追求语篇的"功能对等"。根据以上分析，可以将例1.2语篇试译如下。

译文

发现新的自我——斯米诺夫伏特加

大家都喝斯米诺夫，您也来一点？来点起子酒加橙汁？玛丽酒配番茄汁？还是骡子酒兑七喜？最醇的马丁尼酒。最柔和的加冰伏特加。尽在斯米诺夫。唯有1万4千磅活性炭滤出的佳酿，才能调出众多如此香醇的美酒。欢迎来到阳光和斯米诺夫的神奇天地。

伏特加就选斯米诺夫。无以复加的美妙感觉。

语篇结构

哈蒂姆和梅森认为，翻译需要分析的另一个语篇特征是语篇结构。语篇结构是一种等级性的构成原则（a hierarchical principle of composition）。[1] 它包含三个层次：成分（element）、序列和语篇单元。构成语篇的是承担总体修辞目的的一系列句子，句子内部成分（词汇、短语、小句）在修辞功能方面构成语篇关系（discourse relation），通过语篇关系可以确认出不同的序列（sequence），序列最终又构成语篇单元（unit text）。[2] 成分是承担修辞功能的最小词汇—语法单位，成分构成序列，序列构成语篇单元。成分之间、序列之间存在各种话语关系，这些话语关系按照等级性组织原则形成的模式语篇结构。

在哈蒂姆和梅森看来，语篇结构反映语篇为适应特定交际目的（即语篇类型）而具有的篇章要素，因此他们采用哈桑（R. Hasan）的体裁结构潜势理论为重要分析工具。哈桑在《语言、语境和语篇：社会符号学视角下的语言面面观》中没有明确界定语篇结构（structure of a text），但辨析出语篇结构概念下两个重要的术语："语篇结构的成分"（element of text structure）和"语篇的体裁结构"（generic structure of text）。[3] 前者可以大概理解为一个实体概念，后者可以

---

1 HATIM B, MASON I. Discourse and the translator[M]. Shanghai: Shanghai Foreign Language Education Press, 2001: 165.

2 HATIM B, MASON I. Discourse and the translator[M]. Shanghai: Shanghai Foreign Language Education Press, 2001: 165-166.

3 HALLIDY M A K, HASAN R. Language, context and text: aspects of language in a social-semiotic perspective[M]. London: Oxford University Press, 1989: 53.

大概理解为一个组合的概念。语篇结构与语篇所属体裁（genre）即语篇类型密切联系，每一种体裁都有一种相联系的概括性的结构定式（structural formula），这种结构定式为一系列具体的实际结构提供可能或潜势。[1] 由于语篇与语言使用的情景语境存在密切的联系，体裁的结构定式由一组受情境语境变项控制的语篇结构成分组成，语篇结构和情景语境之间存在预测关系。情景语境有三个变量即语场、语式和语旨，三个变量相互影响。在相似的情景语境中，三个变量选项也会呈现相对固定的组合，这种组合就是"情景语境构型"（configuration of situational context）。[2] 由于情景语境构型与语篇结构成分之间存在双向预测的关系，可以通过语篇结构成分预测语篇的情景语境因素，也可以通过情景语境的变项组合来预测语篇的结构。具体表现为：（1）什么成分必须出现；（2）什么成分可能出现；（3）它们必须在什么位置出现；（4）它们可能在什么位置出现；（5）它们可能出现的频率。在一个语篇中，某些成分是必要的（obligatory），另一些是可选的（optional），还有一些是重复出现的（iterative）。具有相同情景语境构型的语篇往往拥有相同的一系列必要的成分。因此，"（分析）必要成分、可选成分以及它们的出现顺序的全部范围，意味着充分揭示了语篇的语篇结构的可能性，即语篇的体裁结构潜势（generic structural potential）"。[3] 必要成分在体裁结构潜势中十分重要。通过分析语篇的整套必要的成分，可以分辨出体裁结构潜势。

哈桑理论对于语篇翻译有一个很大的用途：即体裁结构关于必要成分及其出现顺序的描写，有助于辨别语篇是否完整（unity of

---

[1] 苗兴伟.语篇结构研究:理论与模式[J].中国外语研究,2017,4（1）:3-13/8.
[2] HALLIDY M A K, HASAN R. Language, context and text: aspects of language in a social-semiotic perspective[M]. London: Oxford University Press, 1989: 70.
[3] HALLIDY M A K, HASAN R. Language, context and text: aspects of language in a social-semiotic perspective[M]. London: Oxford University Press, 1989: 64-65.

text）和具体的语篇类型形式。它对于翻译而言提供了两处指南：其一，归纳了具体语篇结构的典型格式或者说体裁结构；其二，表明了特定类型语篇中的若干必要特征，这些特征决定了某个语篇是否完整。翻译可以通过分析源语篇的结构归纳出其典型体裁格式（结构），进而辨析语篇中哪些成分是作为某种组别（group）必要的特征。[1] 因此在译者在翻译时需要考虑以下问题：（1）待翻译的相关成分是必要的还是可选的？（2）如果相关成分是必要的，其出现顺序在目标语言的语篇格式中是否合适？（3）如果相关成分必要且顺序合适，如果该成分反复出现，在目标语言语篇格式中是否合适？[2]

语篇结构分析可以在两方面进行。一方面，通过语篇结构分析可以勾勒语篇的基本设计，归纳其中的话语关系，帮助译者检索语篇的修辞目的（语篇类型），并据此进行调整追求语篇整体对等。这是追求翻译对等的一个重要途径："语篇的翻译对等不能仅建立在词句层级的对应，段落和语篇层面的语篇结构对于翻译对等具有重大的决定作用。"[3] 另一方面，通过分析源语篇结构，确定其所属体裁，有助于确定语篇中哪些是在目标语篇中要保留的必要成分，哪些是具有调整空间的可选成分；体裁结构潜势也可为在目标语言中对语篇进行摘要（summarizing）提供框架，这在某种程度上为编译等实践提供了一条操作指南。在这里，哈蒂姆和梅森的基本思路是"抓大放小"。译者可以确定源语篇的基本格式（体裁结构）和必要成分，而其他可选成分则可以根据目标语言和文化

---

[1] HATIM B, MASON I. Discourse and the translator[M]. Shanghai: Shanghai Foreign Language Education Press, 2001: 171.
[2] HATIM B, MASON I. Discourse and the translator[M]. Shanghai: Shanghai Foreign Language Education Press, 2001: 172.
[3] HATIM B, MASON I. Discourse and the translator[M]. Shanghai: Shanghai Foreign Language Education Press, 2001: 180-182.

的常规（因为目标语篇的情景语境构型也是由目标文化语境确定）进行一定的调整。[1]

这里有一个翻译调整自由度（limit of translator's freedom）的问题。译者可以进行语篇结构调整，但受到其他因素制约，有一定的限度。决定自由度的变量有三：其一是语篇修辞目的（rhetorical purpose）。修辞目的决定语篇的类型，因此也可以说语篇类型会决定语篇结构可以妥协的程度。修辞目的具有最大的权重，语篇结构调整不应损害语篇的修辞目的："尽管不同语言可能选择不同的结构形式，但归根结底，如果源语篇的修辞目的即将受到损害，可以认为翻译的结构调整已到达极限。一旦发生这种情况，源语篇的形式应该被视为优先考虑的因素。"其二是翻译的目的（purpose of translation）。翻译目的与目标语篇的预期功能密切相关。在翻译受客户需要制约时，如果源语篇的文化氛围浓厚，译者对于源语篇结构进行调整的程度也更高。其三是语篇整体结构（global pattern）。在进行语篇结构调整时，译者根据不同语言中相似体裁明显可辨的整体结构做出决定。由于语篇结构在不同语言中存在不同，因此文化语境也是决定语篇结构安排的重要因素。[2] 基于这种理解，他们提出两条关于调整自由度的假说。第一条假说认为不同修辞目的（语篇类型）会导致不同的自由度。他们将说明型（非评价性）为一端，论辩型（评价性）为另一端，建立一个连续统。"语篇评价性越低，其结构在翻译中需要调整的幅度就越小；反之，语篇评价性越高，其结构在翻译中需要调整的幅度就越大。"第二条假说则与文化有关。"语

---

[1] 哈蒂姆和梅森认为,关于语篇结构与文化语境的关系,译者可以从语篇比较研究中汲取营养,例如,通过美国语言学家哈特曼（R. K. Hartmann）《对比语篇学》（*Contrastive Textology*）所言"平行语篇"比较得到的发现。关于哈特曼"平行语篇"的概念,参见:许余龙. 对比语言学[M]. 上海:上海外语教育出版社, 2010: 212-214.

[2] HATIM B, MASON I. Discourse and the translator[M]. Shanghai: Shanghai Foreign Language Education Press, 2001: 189-191.

篇的文化制约性越低,其结构在翻译中需要调整的幅度就越小;反之,语篇文化制约性越高,其结构在翻译中需要调整的幅度就越大。"[1]

李运兴教授曾经对这两条假设进行验证。通过英汉语篇翻译实践,他发现语篇类型的差异对语篇结构调整的影响并不明显,"影响译者对源语语篇结构进行调整的与其说是语篇类型,不如说是翻译目的"。[2] 这一判断与哈蒂姆和梅森关于修辞目的(语篇类型)有最大的权重的判断是有差异的。笔者以为,两者的关注点可能有所不同,哈蒂姆和梅森关注的是容许调整的限度(即上限),李运兴关注的是需要调整的幅度(即下限)。不同语篇类型中包含源语言文化元素多寡不同,为实现翻译目的和预期功能需要调整的幅度不同,这决定了需要调整的下限;同理,它们对于"功能对等"实现程度的要求也不同,这决定了容许调整的上限。翻译总是在"需要"和"容许"之间、整体和部分之间进行动态考虑和利害权衡。

在翻译追求"功能对等"的情况下,语篇结构调整可能受语篇类型影响;但功能对等也受文化语境影响。同一语篇类型中可能包含许多语篇体裁,如果这些体裁的语篇结构深受文化常规的影响,则译者有很大可能根据目标语文化常规进行调整,让目标语篇达成预期功能。例如,硕士学位论文封面有一定的惯例。我们在撰写论文时往往顺从这样的常规,并视两种文字内容在意义上是等值的。以某校硕士论文封面为例,其汉英内容为:

---

[1] HATIM B, MASON I. Discourse and the translator[M]. Shanghai: Shanghai Foreign Language Education Press, 2001: 187-188.
[2] 李运兴. 语篇翻译引论[M]. 北京: 中国对外翻译出版公司, 2001: 214.

例 1.3

××师范大学

硕士学位论文

A thesis submitted in partial

Fulfillment of the requirement for the

Degree of Master of Arts,

×× Normal University.

不难看出,英语内容对各个名词之间的关系作了较为精准的界定,而且明确了表示学位论文只是授予硕士学位的一个必要条件(partial fulfillment),可能授予的学位是文学硕士(Master of Arts)。汉语内容则对这些信息没有明确表示。如果同意上述内容是语言文化常规制约的结果的话,在翻译类似语篇时很可能就要对其中的语篇成分进行增删调整了。

再如某家电信公司推出的中英文广告语篇。

例 1.4

一电通减价热浪迫人而来,让你在炎炎夏日以炽热价每分钟$1.0 致电中国、美国、英国、澳大利亚及加拿大,如此热烘烘之优惠,定能令您完全融化。快快投入一电通之炽热旋涡,以独一无二之姿态横扫各大热点。

IDD hot wave is now coming to town. Call your favorite spots:China, USA, UK, Australia and Canada at just $1.0 per minute. It's One. Tel Summer IDD fever that you never gonna miss. (李明译)

例 1.4 属于论辩(呼吁)类型。在汉语语篇中,公司名称、地名、价格、优惠期限等内容是传递有效商业信息的必要成分,其余则是根据华人圈文化语境而进行诱导的内容，属于可选成分。汉语语篇的行文和遣词造句带有浓厚的中国文化色彩，如具有形象生动特点的成语（迫人而来、炎炎夏日）、重复性的词语（减价、炽热价、热烘烘之优惠）、夸张性地突出优惠幅度的句子（定能令您完全融化）等。在英语广告语境中，类似元素和表达手法较少出现，如果将它们从汉语中移植过来，也可能造成词汇选用、结构安排和语篇连贯方面的困难。因此，在该英语语篇中，文化特征明显的词汇被大幅删减，句内语法结构被明显简化，突出优惠幅度的句子被全部删除，应该说语篇结构总体上经历了重大调整。

在翻译追求"功能对等"的情况下，语篇结构调整不仅涉及某一体裁中的可选成分，也可能涉及该体裁的必要成分。调整不仅意味着对源语篇成分进行删减，也可能意味着增加源语篇中没有的成分。张美芳曾经给出一个会议通知翻译的案例。[1] 在译文中，会议通知（源语篇）的一些必要成分如通知缘由、通知主题和附属信息等都得到了保留。但是，按照中文语境下会议通知的常规，翻译对于语篇必要成分做了两项调整。其一，源语篇的标题"CALL FOR PAPERS"，是篇首主题句"Papers are invited for the Euralex Third International Congress, 4-9 September, 1988, Budapest, Hungary"的浓缩，也是表明语篇性质和主旨的重要文字，在英语语言和文化语境中应该属于会议通知类语篇的必要成分。在目标语篇中，源语篇主题句被安排为语篇标题部分"欧洲辞书协会第三届国际研讨会将于明年九月在布达佩斯召开"，源语篇标题"CALL FOR PAPERS"则被省略。该语篇的性质和主旨则由目标读者阅读后自行判断。其二，源语篇中并未对发出会议的条件作出清晰说明，但在目标语篇中，译者增加了"经审稿同意接受后"。造成这种必要成分增减的

---

[1] 张美芳.功能途径论翻译:以英汉翻译为例[M].北京:外文出版社,2015:96-97.

原因是两种语言文化中的不同常规以及语用预设。源语篇的标题突出此则通知/启事的核心目的，标题与通知目的之关系是明示的；目标语篇的标题突出会议信息，标题与通知目的的关系是隐含的，需要读者阅读完毕后自行确定。按学术界的惯例，"审稿同意"通常是会议接受论文并发出邀请函的必要步骤。源语篇作者未将此作为语篇结构的必要元素，可能是因为其已将"读者了解此要求"作为预设。相反，在中文学术语境下，为了强调学术规范性，将此作为会议通知的必要成分。因此，译者遵照中文的通知体裁结构增加了这一元素。

在文学语篇的翻译中，由于源语篇的某些必要成分在目标语言文化中找不到类似的成分，译者也可能根据目标语言文化常规采取省略该成分的译法。例如，在许多中国古典章回小说中，章回的篇首一般以"话说"/"却说"开始，篇末以一联诗句对本回故事进行归纳，然后以"欲知后事如何，请听下回分解"结束，三者形成固定的语篇结构，属于章回小说的必要成分。比较这些小说的英译文可以发现，一些译者会选择性地将部分成分省略。例如，在《三国演义》的邓罗（C. H. Brewitt-Taylor）译本中，篇末诗句被保留下来，"欲知后事如何，请听下回分解"一般也译成"the matter will be disclosed in later chapters"，但"话说"/"却说"则被省略了。以全书第一句为例。"话说天下大势，分久必合，合久必分"译成了"Domains under Heaven, after a long period of division, tends to unite; after a long period of union, tends to divide. This has been so since antiquity"，"话说"不见了踪影。

不过，文化常规可能随着时代变化，可能导致翻译调整自由度也相应发生变化。这可能不易从共时性的平行语篇对比中发现。如果我们将不同译者、不同时期产生的目标语篇也算作哈特曼所言平行语篇的话，可以从历时性的语篇对比中窥见相关因素的痕迹。上例《三国演义》中"话说天下大势，分久必合，合久必分"在罗慕士（Moss Roberts）的译本中被译为"Here begins our tales. The Empire, long divided, must unite; long united, must divide. Thus it has ever been"，"话说"作为语篇成分被完整保留下来了。此外，《三国演义》卷首词"临江仙·滚滚长江东逝水"在邓罗译本中经过结构裁剪变化，成为英语十四行诗类似的体裁，但在罗慕士译本中则保留了原文基本相同的行数。[1]

哈蒂姆和梅森从情境语境对语篇之制约的视角探讨语篇结构分析，因而聚焦于不同体裁中必要/可选语篇成分的调整，这是可以理解的。然而，他们的讨论似乎排除了语篇结构的另一个维度：线性结构。他们从一开始就将语篇结构界定为一种"等级性组织原则"，缩小了语篇结构概念的指称范围。他们在采用哈桑语篇结构潜势理论中关于必选成分/可选成分的论述时，似乎忽略了这些成分出现的顺序。由于不同语言关于语篇成分应该出现在什么位置有不同的常规，与顺序相关的线性结构问题也不能忽视。

"等级性组织原则"对如何安排语篇成分有很大的指导作用，但是，语篇成分的位置及其变化规律并不能完全用"等级性组织原则"来解释。尽管语篇是由词汇—语法单位来体现，但是，由这些单位所体现的语篇成分并不是以鼓励字词等形式来传递信息。在语言交际过程中，发话者要以一定的顺序将要表达的内容形成序列，最终形成一个连贯的语篇，方能减少受话者的认知努力，保证语言交际过程的顺利完成。此处所谓顺序就是线性展开，它们句子上下两个层面有不同的表现。在句子内部，线性展开表现为词汇等成分按一定的语法规则组成句子，这些成分之间相互依存和有序排列构成组

---

[1] 关于《三国演义》邓罗译本和罗慕士译本在翻译策略上的差别及其文化成因，参见笔者与他人合作的论文：林跃武, 林长洋. 阐释学视域下的典籍翻译研究——以《三国演义》译本为例[J]. 东北师大学报, 2012（4）: 152-155.

合关系；在句子之上，句子按照一定的顺序进行排列，前面的句子为后面的句子提供语境，使语篇成为不断展开的过程或者线性序列，因此"语篇也是线性的，具有线性结构"。[1]

哈蒂姆和梅森清楚语篇具有线性展开的一面，特别是语篇元素如何组成序列的方面，并指出由词汇—语法单位构成的语篇元素同时包含语法形式和修辞功能两个方面，正是这种形式—功能的相互作用界定了处于话语关系中的语言元素。但是，他们似乎将从语篇元素的线性展开基本等同于语法上的组合关系，认为"［关注］语篇元素的线性推进可能会模糊掉修辞功能的非线性关系……作为译者，我们需要越过线性关系，发现整体话语关系的演进，到达语篇组织的第二个层次，即序列"。[2] 这样，他们将探讨的重点放在序列以上的结构，并未将线性展开作为语篇结构分析的重点。

其实，序列以上的层级如何构成语篇，也存在线性展开问题。这些序列以何者为起点，以什么顺序发展，如何组合边界，也并非任意的，而是受特定的文化常规的影响和制约。在不同文化语境，由于群体思维模式、逻辑体系和心理倾向的不同，序列也可能形成不同的组合，导致包含相同数量和内容的序列两个语篇形成不同的序列边界（boundary of sequence）和序列划分（sequence grouping），从而在一定程度上改变语篇的结构。这种差异可能对语篇翻译产生不能忽略的影响。[3]

在英汉翻译中，语篇线性结构差异的影响主要体现在语篇单元

---

[1] 苗兴伟.语篇结构研究:理论与模式[J].中国外语研究,2017,4（1）:3-13/3.
[2] HATIM B, MASON I. Discourse and the translator[M]. Shanghai: Shanghai Foreign Language Education Press, 2001: 174.
[3] 除了体裁结构外,语篇结构分析主要还包括语义结构、超级结构、修辞结构和语域模式等分析模式。语篇的线性结构大多在语义结构分析下进行。考虑到线性结构一定程度上影响英汉语篇翻译的结构调整,尽管线性结构和哈蒂姆—梅森选择体裁结构/情景语境构型分析途径并非直接相关,笔者认为其仍然值得在此加以讨论。

（段落）层级。[1] 由于制约段落层次语篇结构的逻辑思维、语篇信息结构安排和言语行为规则从根本上受语言文化常规的制约，英汉翻译中是否需要调整语篇线性结构，在很大程度上由英汉语言和文化思维决定。诺顿（R. Norton）、奈斯比特（R. Nisbett）、周志培、连淑能、申小龙和王文斌等学者对于英汉语言差异背后的文化逻辑和集体思维提出许多富有洞见的解释。尽管这些对比研究的对象是句子内部语法结构，但笔者认为，由于句子内部语法结构具有线性结构特征，制约这些线性结构安排规则的深层逻辑和思维在一定程度上也影响句子之间的线性结构安排。基于英汉修辞对比和英汉语法对比研究的发现，本书拟从三方面对英汉翻译中的段落线性结构调整作粗浅的讨论。

首先，段落内话语序列起点的调整。从语义角度来看，语篇线性结构包括宏观和微观两个维度。宏观维度即话语序列的整体意义，涉及句子表达的命题与语篇主题之间的联系。[2] 它在段落层次表现为句子命题与段落主题的关系。英语语篇段落通常以段落主题作为明确起点，段落内各话语序列和语篇成分以该起点为中心进行组织和展开。汉语语篇段落内各话语序列和语篇成分可能围绕着某个共同的主题组织和展开，但该主题未必是段落的起点，甚至未必以语言形式明确表达，而是隐含在字里行间。方丽青发现，"东方模式"的

---

[1] 目前，语篇分析学者已归纳了许多语篇线性结构的主要类型。学者们在前述语篇结构研究模式的论述中也揭示了与线性结构有关的规则。如范戴克归纳的一般—特殊、整体—局部/部分、集合—子集—成分、大—小、外—内等命题序列顺序；曼和汤普森提出的26种修辞结构关系；侯易归纳的概括—具体、问题—解决、匹配—比较结构关系。如果说各类语言语篇线性结构安排能够遵循的类型大体相同的话，不同语言中的语篇主要采取哪种具体类型，采用的频率如何，则是存在差异的。对于译者而言，这种差异是更需要特别注意和小心处理的地方，有必要了解这些差异背后的文化思维模式和集体认知规律。参见：苗兴伟.语篇结构研究：理论与模式[J].中国外语研究，2017, 4（1）：3-13；潘文国.汉英语言对比概论[M].北京：商务印书馆，2004：337；杨玲.汉英篇章结构对比研究——一项基于定量分析的对比修辞学研究[M].合肥：安徽科学技术出版社，2006：149-153.

[2] 苗兴伟.语篇结构研究：理论与模式[J].中国外语研究，2017, 4（1）：3-13/6.

段落行文"缺乏明确目标",语篇成分"朝不同方向发散","西方模式"则"遵循西方逻辑形式,结构严密"。[1] 连淑能也认为,"英国人习惯开门见山,一落笔就点明主题、交代要点,然后逐层细致分析推理;中国人喜欢从多方面说明来龙去脉,让对方逐步意会言者的意思,最后点出要旨或主题"。[2] 关于语篇结构差异背后的语言文化原因,也有各种解释。诺顿认为英语写作是演绎式的,整体上采用从一般到具体的序列安排,中国作者更可能采用归纳式,主要采用从具体到一般的关系。[3] 奈斯比特认为,英语属于作者责任型语言,作者负责明确阐释主题,汉语是读者责任型语言,读者负责从众多信息中解读出主题。[4] 申小龙认为,欧洲语言思维采用的是"焦点透视"的方法,汉语思维采用"散点透视"的方法,"散点透视"即围绕一个中心作移动视点的透视法。焦点视与散点视之分也是过程上的静态视与动态视之别,反映了中西时空观念的差异。"焦点透视"和"散点透视"的差异从根本上而言是因为,汉语思维是从"众"去理解"一",而欧洲语言的思维是通过"一"去理解"众"。[5]

在汉英翻译中,我们可能遇到"神不散而形散"的段落。翻译这种段落时,可以归纳段落中各话语序列隐含的共同话题,并以此作为目标语篇段落在形式上的起点,并相应地对各话语序列进行重组。

例 1.5

茶花(Camellia)的自然花期在 12 月至翌年 4 月,以红色系为

---

[1] 方丽青. ESL 作文中的修辞模式表现类型研究[J]. 外国语, 2005 (1): 49.
[2] 连淑能. 英汉对比研究[M]. 北京: 高等教育出版社, 2010: 39.
[3] NORTON R. A comparison of thinking and writing patterns in Korea and the United States[J]. A. F. S. Occasional Papers, 1987 (12): 16.
[4] NISBETT R. The geography of Thought: How Asians and Westerners think differently... and why[M]. New York: Free Press, 2004: 60.
[5] 申小龙. 中文的中文性研究[M]. 上海: 复旦大学出版社, 2019: 161-162.

主,另有黄色系和白色系等,花色艳丽。本届花展充分展示了茶花的品种资源和科研水平,是近三年来本市规模最大的一届茶花展。为了广大植物爱好者有更多与茶花亲密接触的机会,本届茶花展的布展范围延伸至整个园区,为赏花游客带来便利。此次茶花展历时两个月,展期内200多个茶花品种将陆续亮相。

例1.5重在向普通市民和游客介绍茶花展,以再现功能为主,兼具呼吁功能,是一则以内容为中心的语篇;从修辞目的看,属于说明型描述性语篇。此类语篇的翻译注重保持源语篇的内容不变,允许一定程度的结构调整。从语篇结构上看,它包含会展信息体裁结构的必要元素(会展对象、目标人群、会展宗旨、布展时间、布展范围和布展内容等)。以上元素分别构成四个序列,彼此按照中国人文化和思维模式安排顺序,包括时序律(先介绍茶花,再介绍茶花展)和时空大小律(先介绍茶花展整体,再介绍茶花展细节)。各个序列彼此虽有语义联系,但段落的中心话题由读者阅读完毕后自行归纳。根据以上分析可以大致看出,例1.5语篇的体裁必要元素可以保留。不过,因为语言文化差异的缘故,该语篇的基本格式不能完全移植。其一,语篇中第一个序列的话题是茶花,第二个序列的话题是茶花展,两者之间存在明显的话题转移,这样的语言常规不能直接移植,因为英语要求同一个篇章中各个序列之间要求有一定的承继或支撑关系,话题转移不符合英语语言常规;两者也不能按照英语语言常规进行分段,否则会彻底打破源语篇两个序列之间的隐性连贯。其二,语篇是按照汉语移动视点的认知心理展开的,需要读者归纳各序列之间的逻辑。英语的语篇通常以某个中心话题为焦点,按照演绎逻辑进行展开。完全复制源语篇结构会让目标语篇结构显得散乱、缺乏中心话题而且影响阅读流畅性。因此,需要考虑对源语篇的中心话题进行适当显化,使目标语篇结构符合目标语言常规。笔者试译如下。

译文

Welcome to this year's EXHIBITION OF CAMELLIA, the largest one held in our city in the last three years. The event will showcase our latest knowing and collections of camellias which naturally blossom from December to next April in brilliant reds and also yellows and whites. For visitors' more and easier communication with the flowers, the exhibition will cover the whole park and it will last for two months, during which more than 200 specimens are presented successively.

其次，段落话语序列边界的调整。段落层次的线性结构还涉及话题扩展的方式。在这方面，英汉语篇也存在明显的差别。卡普伦（Kaplan）认为，英语语篇反映"直线型"的思维特征，汉语等东方语言的语篇反映"螺旋型"的思维特征。[1] 诺顿（Norton）指出英语散文一般采用所谓"线性"的写作方式；中国作者更可能采用非线性的写作方式，即所谓"螺旋""间接""散体"的风格。[2] 刘礼进指出，汉语篇章中并列结构占据优势，英语篇章从属结构占据优势，这与英汉语法形式有关：英语注重上下文前后接应、层层套接，而汉语不重形态上的完整性而多用散连、并列推展。[3] 王文斌也认为，汉语篇章结构具有块状性和离散性，而英语篇章结构具有勾连性和延续性。[4] 因此，译者常常要对话语序列进行重新整合和编组，

---

1 KAPLAN R B. Contrastive grammar: teaching composition to the Chinese students[J]. Journal of English as a second language, 1968, 3（1）:1-13.
2 NORTON R. A comparison of thinking and writing patterns in Korea and the United States[J]. A. F. S. Occasional Papers, 1987（12）:16.
3 刘礼进. 英汉语篇与语法问题研究[M]. 广州:中山大学出版社, 2010: 177-178.
4 王文斌. 论英汉的时空性差异[M]. 北京:外语教学与研究出版社, 2019: 277.

形成线性逻辑脉络,这样必然涉及话语序列边界的调整。

例1.6

吉州是中国中部的绿色宝地,这里四季分明,气候宜人,山青水秀,水质和空气质量均为全国最好的城市之一,红、绿、古三色旅游资源十分丰富,是名副其实的"天然氧吧",为全国文明城市、国家园林城市、国家森林城市、国家卫生城市、中国优秀旅游城市,是一个宜居、宜业、宜游的理想城市。

例1.6由流水句构成,但相邻分句话题关联性不强,关联性话题相隔较远且中间夹杂其他类型的话题(如"空气质量"和"天然氧吧"之间夹杂"三色旅游资源"),逻辑层次在"宏观"—"微观"—"宏观"之间上下波动,各句呈现"螺旋型"逻辑顺序,段落逻辑链条不明显。分译时不妨调整分句顺序,明确段落逻辑主线,将汉文化事理逻辑转变为直线型形式逻辑。

译文

A green treasure land in central China, Jizhou is a town ideal for life, for industry and for tourism. As a "natural reservoir of oxygen", it ranks among the Chinese cities with best water and air. It also enjoys clear seasons, friendly climate and beautiful scenery. Besides, it is blessed with rich tourist resources including revolutionary heritages, ecological environment and ancient cultural relics. Now Jizhou is certified as a National Civilized City, a National Garden City, a National Forest City, a National Hygienic City, and an Excellent Chinese City for Tourism.

最后,段落内话语序列顺序的调整。除了前述宏观维度,段落层次的语篇线性结构还包括微观维度。微观维度即话语序列中句子内命题之间的语义关系，它可以表现为外延（extensional）语义结构和内涵（intensional）语义结构。话语序列表达时态的线性组合与真实世界的排列顺序对应，话语序列表现为外延语义结构；如果在真实世界找不到对应体，话语序列表现为内涵语义结构。[1] 在这方面，英汉语言也存在差异。英语由于具有丰富的形态变化、语法标记和连接手段，其句子组织比较弹性较大，因而语序比较自由；汉语没有严格意义上的形态变化，语法标记和连接词汇，其句子组织要依赖汉化思维模式，因而语序较为固定。受此影响，英语语篇的话语序列可以较为自由地采用内涵语义结构或外延语义结构；而汉语语篇的话语序列则更为偏向外延语义结构，遵循汉语的"意合之法"。[2] 因此，在汉语语篇的各话语序列之间顺序自合的弹性相比较英语语篇要小。在英汉翻译中，目标语篇不能完全照搬源语篇的话语序列。源语篇话语序列包含的某些语篇成分可能是按照内涵的语义结构安排的顺序，如果在原位置复制到目标语篇中，可能与汉语外延语义结构的倾向相矛盾，给目标读者的理解增加困难。在此情况下，有必要调整影响理解的语篇成分的位置，进行话语序列的顺序重组，如下例。

例 1.7

I *certify under penalty of perjury* that all information provided above was entered before I signed this form and is true and correct. I executed this form in the United States after review and evaluation in the United States by me or other officials of the school of the student's application,

---

[1] 苗兴伟. 语篇结构研究：理论与模式[J]. 中国外语研究, 2017, 4 (1): 3-13/6.
[2] 周志培. 汉英语对比与翻译中的转换[M]. 上海：华东理工大学出版社, 2003: 141-170.

transcripts, or other records of courses taken and proof of financial responsibility, which were received at the school prior to the execution of this form. The school has determined that the above named student's qualifications meet all standards for admission to the school and the student will be required to pursue a full program of study as defined by 8 CFR 214.2 (f) (6). I am a designated school official of the above named school and am authorized to issue this form.

译文

以上信息均由本人在签名前填写，并且真实和正确。发放本表格前，校方已收到学生的申请函、成绩单、已学课程记录及财力担保证明等材料，经本人或校方的其他管理人员在美国对上述材料进行审核和评估后，由本人在美国签发本表格。校方认为前述姓名的学生完全符合入学要求，并将要求该学生依据美国联邦法规 8CFR 214 (f) (6) 条款规定在校进行全日制学习。本人是前述学校的指定管理人员并拥有签发本表格的授权。若有虚假，本人愿接受伪证罪处罚。特此证明。

例1.7中，源语篇各个句子分别组成一个话语序列，这些话语序列之间按照线性逻辑展开，从第二句至第四句基本根据时间先后顺序排列，汉语中依照源语篇的顺序组织语篇结构基本不会影响读者的理解。不过，源语篇第一句中"under penalty of perjury"是责任者（"我"）以"若有虚假，本人愿接受伪证罪处罚"为条件对陈述内容真实性的保证。在真实世界中，"接受伪证罪处罚"是在"若有虚假"的前提下产生的后果，两者有因果关系也有时间先后关系，陈述是否虚假，也是在陈述行为后作出的判断。根据汉语的"意合之法"，源语篇中作为真实性保证的语篇成分应该置于语篇后部，单独构成一个新的话语序列。此外，按照汉语证言类语篇的常规，语篇末尾一般用"特此证明"作为结语。因此，源语篇篇首的"certify"也不妨调整至篇末。

谋篇机制

在哈蒂姆和梅森的翻译导向语篇分析一个关键环节即语篇组织手段的分析。谋篇机制（texture）提供实现修辞目的（即语境焦点）和执行特定语篇计划（即结构）的手段。如果说修辞目的分析和语篇结构分析是为了形成有关源语篇的各种假设，谋篇机制分析则是为目标语篇选择合适的词汇和语法结构。对于翻译而言，谋篇机制分析是翻译过程两个阶段的转折点，即译者借助与语篇机制的交流，试图将源语篇情景语境（语域）勾勒得更加清晰，将其语篇结构把握得更加清楚，并据此将翻译推向为目标语篇进行词汇语法选择的阶段。[1]

"texture"是语篇整体表现出的、区别于非语篇的特征。按照克里斯特尔的描述，"谋篇机制是可以对语篇进行形式上定义鉴别的特征"。[2] 韩礼德（M. A. K. Halliday）和哈桑将谋篇机制描述为"语篇在周围环境中体现出的整体性"。[3] 哈蒂姆和梅森认为，谋篇机制作为"保证语篇在语言和概念上形成整体"的特性包含三个部分：（1）连贯；（2）衔接；（3）主题化模式。[4] 连贯指语篇各部分在意义上的连续，衔接是语篇表层成分之间的关联，主题化即将读者的

---

1 HATIM B, MASON I. Discourse and the translator[M]. Shanghai: Shanghai Foreign Language Education Press, 2001: 222.
2 克里斯特尔, 戴维. 现代语言学词典: 第四版[M]. 沈家煊, 译. 北京: 商务印书馆, 2000: 358.
3 HALLIDAY M A K, HASAN R. 英语的衔接[M]. 张德禄, 等, 译. 北京: 外语教学与研究出版社, 2007: 2; 张德禄, 刘汝山. 语篇连贯与衔接理论的发展和应用: 第二版[M]. 上海: 上海外出教育出版社, 2018: 97-98.
4 HATIM B, MASON I. Discourse and the translator[M]. Shanghai: Shanghai Foreign Language Education Press, 2001: 192.

注意力指向最重要内容的语篇主题展开方式。语篇作为社会事件应该成功地回应情境语境构型、语用意图、符号价值等，因此不仅通过衔接和连贯将传导语境价值，还通过主题化服务于语篇的总体修辞目的和语用意图。[1] 翻译语篇分析要梳理源语篇的衔接、连贯和推进模式，帮助读者了解语篇连贯的底层逻辑，把握语篇的交际意图。[2] 保证语篇连贯的要素包括三个部分：（1）逻辑关系；（2）事件、目标和情境的组织；（3）人类经验的连续性。[3] 一般情况下，保证语篇连贯的逻辑关系是相似的，但它们在不同语言文化的表现方式不同，所以不同语言中的常用语篇衔接机制不同，语篇利用语境的方式不同，主位推进和宏观语篇结构模式不同。翻译的重点不在保留谋篇机制的形式方式，而在于保留语篇的交际意图。[4]

　　哈蒂姆和梅森论述从谋篇机制形式分析开始，又跳出形式分析本身去把握语篇连贯深层逻辑及潜在的交际意图，是比较具有可操作性的路径。不过，其中部分论述仍然有需要具体澄清或有待商榷之处。首先，衔接、连贯、主题化和语境的相互关系不甚明确。哈蒂姆和梅森似乎将衔接和连贯分别视为语篇表层连接/深层连接，同时又将连贯视为蕴含在谋篇机制的意义，两者不甚明确。与此类似，主题化与连贯的关系也比较模糊。除此之外，如何将语境因素纳入谋篇机制分析，解读语篇连贯和意义生产，也没有明确说明。其次，交际意图如何分析不太清晰。特定语篇包含哪些类型连贯关系，蕴含哪些意图，可以通过什么路径、遵循什么原则进行分析，也有必

---

[1] HATIM B, MASON I. Discourse and the translator[M]. Shanghai: Shanghai Foreign Language Education Press, 2001: 210.
[2] HATIM B, MASON I. Discourse and the translator[M]. Shanghai: Shanghai Foreign Language Education Press, 2001: 197.
[3] HATIM B, MASON I. Discourse and the translator[M]. Shanghai: Shanghai Foreign Language Education Press, 2001: 195.
[4] HATIM B, MASON I. Discourse and the translator[M]. Shanghai: Shanghai Foreign Language Education Press, 2001: 194.

要进一步归纳。最后，交际意图如何通过谋篇机制再现的讨论不多。尽管两人提出要借鉴对比语篇学的研究成果梳理各种语篇类型的谋篇机制共性，借此重建语篇连贯和再现源语篇交际意图。但是，谋篇机制与语篇意图并非总是一一对应，一对多的情况下如何进行取舍，并不能通过对比语篇学研究完全解决。

关于这些问题，国内外学者如费米尔（Vermeer）、王东风和张德禄、刘汝山等有一些论述可资借鉴。在语篇连贯的条件方面，张德禄和刘汝山提出了语境衔接和翻译连贯选择等思想。他们认为，谋篇机制至少涉及衔接、语境和主题化。语篇发话者可能因为经济原则而省略根据语境可以推测的信息，听话者可以从语境和语篇的形式标记中挖掘出这些信息。解读语篇时，必须扩大衔接的涵盖范围，到情景语境和文化语境中寻找所指项的衔接机制和隐性衔接。外指显性衔接是把语篇与情景语境联系起来的衔接机制，隐性衔接是指先略部分无法从上下文中找到，只能有听话者或者解读者根据情景语境和文化语境推测出来。[1] 语篇连贯的产生虽然始于形式表现（如衔接手段），但其本身不是形式层次特征，而是语义特征即语篇整体上的语义联系和语义一致性。不过，语篇的语义联系或一致性不是由语篇的形式及语义特征来决定的，而是由语言之外的因素决定的。简而言之，连贯由形式体现，由情景语境决定。要保证语篇连贯，语篇各部分之间至少要具有三种关联即语义关联性、主题关联性和语境关联性。[2] 语篇是意义单位，语篇一种形式往往承载多种意义，不可能将源语篇所有意义都"移植"到目标语，因此翻译必然涉及意义特征取舍的问题。在翻译中，译者首先应该对源语篇连

---

[1] 张德禄,刘汝山.语篇连贯与衔接理论的发展和应用:第二版[M].上海:上海外出教育出版社,2018:27-28.

[2] 张德禄,刘汝山.语篇连贯与衔接理论的发展和应用:第二版[M].上海:上海外出教育出版社,2018:7,9,42.

贯的影响因素进行大致分析，梳理其衔接机制和衔接方式，探讨这些方式实现的的意义模式，推测语篇的情景语境因素，描述隐含在情景语境中的文化语境。然后，应该研究目标语篇的翻译目的、目标语言的社会文化背景及情景语境，以及源语言和目标语言意义模式的异同等，据此大致确定翻译方式和连贯对等实现的具体条件。由于衔接机制是连贯实现的主要条件，译者需要根据前述分析的结果确定不同衔接手段的翻译方式，以便在目标语篇中尽量保留其意义表达模式和意义特点。[1]

在语篇连贯的意义方面，王东风认为，谋篇机制和连贯在本质上相同，都是统摄语篇各种关系的机制。连贯是一个多重关系网络，是解读语篇意义的基础，它包括文体连贯、语法连贯、语义连贯和语用连贯等类型。连贯是文学语篇必不可少的特征，也是翻译必须要体现的特征，翻译从某种意义上讲就是连贯的重构。译者需要找出原文的连贯脉络，对原文的意义做出合理的梳理和解读，再以读者可以理解和欣赏的方式重新实现这一连贯模式，"从而使译文读者的理解与欣赏尽可能地相当于原文读者的理解与欣赏"。译者既要对原文的连贯进行信息解读，也要对原文连贯进行诗学解读（如陌生化的解读），避免在翻译中出现不连贯和"伪连贯"的情况。[2]

在语篇连贯再现方面，德国功能主义翻译理论家费米尔认为，翻译涉及两种连贯。一种是篇内连贯（intratextual coherence），一种是篇际连贯（intertextual coherence）。所谓篇内连贯是指目标语篇要在目标语言中形成有意义的整体，让目标读者理解语篇，才能实现信息交流的功能。篇际连贯是指目标语篇同时要与源语篇保持某种形式的联系。篇内连贯是目标语篇作为语篇的基本特征，篇际连贯则是目标

---

[1] 张德禄, 刘汝山. 语篇连贯与衔接理论的发展和应用: 第二版[M]. 上海: 上海外出教育出版社, 2018: 254-255, 270.
[2] 王东风. 连贯与翻译[M]. 上海: 上海外语教育出版社, 2009: 15, 26-30, 66-68.

语篇作为翻译产品的特征。两者相较，篇际连贯处于更为基础的地位，篇际连贯从属于篇内连贯，但两者都受翻译目的的制约。[1]

哈蒂姆和梅森提及的"谋篇机制主题化"与张德禄和刘汝山所言"语篇三种关联性"有相通点。它一方面是语篇衔接机制所反映的逻辑主线，另一方面是语篇所指向的语境焦点。主题化是连接语篇连贯与语篇交际意图的桥梁，将语言形式关系与语义关系融汇起来。这种复合的关系网络在另一种语言的再现是王东风所言的"连贯的重构"。在翻译分阶段，需要梳理语篇词汇和语法衔接机制，揭示语篇部分的语义联系，把握语篇衔接关系之下的交际意图，同时梳理语篇结构衔接特别是主位推进模式，把握语篇主题和脉络主线。在再现阶段，由于源语篇的衔接机制可能在翻译转换中遭到一定损害，译者首先要保证"语内连贯"，根据目标语言的思维方式、体裁结构和语法规则组织新的衔接机制。为保证"语内连贯"，译者可以适当改变语篇词汇意义，调整语篇语法衔接关系，尽量做到整体意义基本不变。

例1.8

中国是文明古国，礼仪之邦，很重礼节。凡来了客人，沏茶、敬茶的礼仪是必不可少的。当有客来访，可征求意见，选用最合来客口味的茶叶和最佳茶具待客。主人在陪伴客人饮茶时，要注意客人杯、壶中的茶水残留量，一般用茶杯泡茶，如已喝去一半，就要添加开水，随喝随添，使茶水浓度基本保持前后一致，水温适宜。在饮茶时也可适当佐以茶食、糖果、菜肴等，达到调节口味和充饥之功效。[2]

---

[1] 转引自 NORD C. Translating as a purposeful activity: functionalist approaches explained[M]. Shanghai: Shanghai Foreign Languages Education Press, 2001: 27.
[2] 本案例原文节选自腾讯网文章《中国茶文化及十大名茶》, https://xw.qq.com/amphtml/20190915A0658A00, 2020年5月7日浏览。译文（a）为学生译文。

例 1.8 的衔接机制比较丰富,包括词汇衔接、连接衔接,以及基于意合规律的隐性衔接。词汇衔接有近义词(如"礼仪""礼节""国""邦")和词汇搭配(如"主人""客人""茶""茶杯");连接衔接包括一系列关联词(如"凡""当""时""也");在基于意合规律的隐性衔接方面,部分句子拥有共同的省略了的逻辑主语,构成隐性衔接。在该语篇的英译中,如果我们保留源语篇的关联词、指称代词、替代词,补全语篇中省略的词汇,并且延续原有的词汇,则可能有如下译文:

译文(a)

China is a country with a time-honored civilization and a land of ceremony and decorum. Whenever guests visit it, it is necessary to serve tea to them. Before serving tea, you may ask them for their preferences as to what kind of tea they fancy and serve them the tea in the most appropriate teacups. In the course of serving tea, the host should take careful note of how much water is remaining in the cups and in the kettles. Usually, if the tea is made in a teacup, boiling water should be added after half of the cup has been consumed; and thus the cup is kept filled so that the tea remains the same bouquet and remains pleasantly warm throughout the entire course of tea-drinking. Snacks, sweets and other dishes may be served at tea time to complement the fragrance of the tea and to allay one's hunger.

译文(a)基本复制了源语篇的词汇衔接和连接衔接等衔接手段,增加了指称衔接手段,建立起了纵贯语篇的衔接链。但是,该译文未必形成充分的语篇连贯。大体说来,至少有三方面的问题。(1)指称词选择不当。如"凡来了客人"一句的译文采用了"it"

指称上一句的"China",形成衔接。但是,这一译法中"guest"与"it"形成"主客相对"的关系,基于"it"与"China"的指称关系,容易让读者误以为此处的客人是来中国参观访问的人(即外国人),外国人是奉茶的主要对象。实际上,中国人对于任何客人一般都会以礼相待,并无专门招待外国客人的说法。此外,指称"China"的"it"与第二句的形式主语"it"并置在一处,容易混淆语义,让读者感到迷惑,损害目标语篇的整体连贯。(2)指称链存在突兀变化。原文"凡来了客人"一句中,奉茶动作的主语是省略的,可能暗示任何待客的主人,译文采用不定式"to serve"描述该动作,用"it"作形式主语。在"当有客来访"一句,原文同样省略主语。译文按照英文的通常用法,用"you"表示不特定人物。"主人在陪伴客人饮茶时"一句,译文则采用"host"翻译"主人"。对中文读者而言,原文的这个衔接在语义上是连贯的,但英文照搬这个衔接链,很难让读者将"it""you"和"host"联系在一起,可能会感觉莫名其妙。(3)词汇衔接的衔接力不足。在汉语中,由于相对缺乏代词、替代和省略等形式手段,源语篇重复使用某个词进行衔接。译文(a)再现了源语篇的主要词汇(如"tea""tea-cup""tea-drinking"),复制了源语篇词汇重复的衔接机制。但是,在英语中,词汇的重复似的各个句子之间彼此相对独立,缺乏紧密的依赖关系。[1] 这样,相对于指称、替代、省略及近义词、反义词等词汇衔接式,这种衔接力量有所不足。

衔接机制能否实现目标语篇连贯,除了衔接形式自身外,也与目标语篇是否对接语境焦点有关。例1.8的预期读者是中国人。该语篇告知读者以茶待客的重要意义、基本流程及注意事项,属于以

---

[1] 韩礼德认为,"当在语篇中对某个成分的意义解释需要依赖于对另一个成分的解释时便出现了衔接",换言之,衔接关系是建立在语义依赖关系基础上的。参见:HALLIDAY M A K, HASAN R. 英语的衔接[M]. 张德禄,等,译. 北京:外语教学与研究出版社,2007:3.

内容为中心的指南型的语篇。若将该语篇翻译成英语，目标语篇的语境焦点可能发生变化，其主导功能和修辞目的将是（向不太了解中国的英语读者）介绍中国茶文化，而非关于如何开展茶艺的指南说明。基于这种理解，目标语篇可以在两方面重建衔接链，一条是待客的主体（主人），另一条是待客的载体（茶）。源语篇中未明述的动作主体（非特定的任何中国人）要明述为待客的主人（中国人），用指称代词、替代名词或省略主语等方式翻译，与茶有关系的词汇可以采用替代词、指称词、近义词、搭配词等方式进行翻译。为了避免语义的突兀，还可以对源语篇进行解读，将源语言中词汇之间和句子之间隐蔽的意义表达出来。如第一句"中国是文明古国——很重礼节"和"凡来了客人"之间存在语义的跳跃，即"中国很重礼节"——"中国人日常很重礼节"——"待客是中国人重礼节的表现"。这种跳跃对汉语读者来并不成问题。在英语中，不妨将这种隐蔽的意义明示出来，在第一句和第二句进行词义过渡，由"中国"过渡到"中国人"，再由"中国人"过渡到"主人"。"礼仪之邦""很重礼节"与"敬茶的礼仪"在词义上进行衔接。基于以上考虑，试译如下。

译文（b）

China is a country with time-honored civilization where people pay much attention to politeness and rites. Whenever a guest visits, the host will certainly prepare and serve tea. He inquires what tea the visitor prefers and then serves the tea to the visitor's favorite with best tea set. When accompanying his guest in the reception, he watches out the content in the visitor's kettle or cup. Usually, if in a cup the visitor's tea is directly made, the host will refill it with boiling water whenever half of the content is gone. Such refilling goes on whenever the cup is half emptied so that the tea is kept in constant taste and in mildly warm temperature. In the tea hospitality certain snacks, candies or dishes may be served to enrich flavors or to satisfy stomach needs.

主位推进模式反映的语篇主题也值得留意。句子的句首部分是主位部分，承载已知信息，句子其余部分是述位部分，承载新信息。句子一般从已知信息向新信息过渡。已知信息和新信息组成句子的信息结构。在交际过程中，新信息转化成已知信息，开始新的"已知信息—新信息"结构，这种的循环形成交际动力，推动交际向前发展。已知信息有三种来源。第一种是交际双方共同拥有或假设双方共同拥有的信息；第二种是交际双方从情景语境或文化语境可以推测得知的信息；第三种原先为新信息，但被交际参与者感知、理解从而转化成已知的信息。第三种来源在日常交际过程中占据较大的比例。为了实现"新信息—已知信息"转化，语篇中第二句的主位部分的信息往往与第一句（主位部分或述位部分）的信息存在较为密切的语义联系，第三句的主位部分信息与第二句的信息存在较为密切的语义联系。以此类推，语篇的句子之间形成环环相扣的主位链，即主位推进模式。由于语法结构的差异，主位推进模式在英汉语言中的体现程度是不一样的。汉语是读者责任型、高语境型的语言，语义脉络主要由读者自行解读，语篇内部的连贯也由读者根据自己的解读进行建构。汉语语篇连贯是隐性的，以汉语为母语的读者对于主位推进等谋篇机制不是很敏感。英语是作者责任型、低语境型语言，语篇语义脉络由作者按照形式逻辑明示出来，因此语篇一般具有明显的主位推进模式。这样造成的问题是，以汉语为母语的译者容易按照汉语思维对英语语篇进行谋篇布局，忽略了英语主位推进模式的常规，导致目标语篇信息结构和主位结构安排不当，影响语篇的连贯，造成语篇语义脉络不清。如例1.9。

例 1.9

手机刷新了人与人之间的关系。会议室的门口通常贴着一张通告，请与会者关闭手机。可是会议室里的手机依然响成一片。我们都是普通人，没有多少重要的事。尽管如此，我们也不会轻易关掉手机。打开手机象征着我们与这个世界的联系。手机反映出我们的"社交饥渴症"。最为常见的是，一个人在路上走着走着，忽然停下来盯着手机屏幕发短信，不管是在马路中间还是厕所旁边。

梳理例 1.9 各句子主位结构，我们可以看到一条主位链"手机"—"手机"—"会议室"—"通告"—"（会议室里的）手机"—"我们"—"我们"—"打开手机"—"手机"—"最为常见的是"。对于汉语为母语的读者而言，这个语义脉络是清晰的。但是，如果从形式逻辑上看，第一句与第四句的主位部分之间几乎没有关联。按照源语篇的语义脉络进行翻译，可能让具有线性思维的英语读者感觉句子逻辑关系混乱，语义关系突兀。面对这种情况，不妨理清语篇的逻辑脉络，搜寻整个语篇的主题词汇，据此对语篇的部分句子进行改写，使这些句子主位与主题词汇的语义产生语义关联，从而形成主位推进，以求在源语篇词义和要旨基本不变的情况下，获得相对连贯的语篇。观察例 1.9，可以发现其主题内容是"手机与我们的关系"。第四句开始采用的"我们"也就是第一句"人"的同义词，也是发现"会议室门口贴通告"的主体。可以改写如下。

改写

手机刷新了人与人（我们与他人）之间的关系。（我们常看到）会议室的门口通常贴着一张通告，（通告）请与会者关闭手机。可是（我们听见）会议室里的手机依然响成一片。我们都是普通人，没有多少重要的事。尽管如此,我们也不会轻易关掉手机。(因为)打开手机象征着我们与这个世界的联系。手机反映出我们的"社交饥渴症"。(这个症状)最为常见的(表现)是,一个人在路上走着走着,忽然停下来盯着手机屏幕发短信,不管是在马路中间还是厕所旁边。

在以上改写的基础上,整个语篇可以翻译成:

译文

Mobile phone has changed our relationship with others. We may often see on the door of a conference room a note which requires all participants to turn off his or her handset. However, rings are still heard resounding in the room. We are all ordinary people who have few business urgent to deal with. Nevertheless, we are reluctant to shut down our phone, as the active device signals our contact with the rest of the world. Mobile phone reflects our thirst for socialization. A typical symptom of the thirst is a man who suddenly halts and texts messages, with his eyes glued to the panel and regardless where he is, in a highroad or by a toilet.

结　语

语篇翻译以充分达成语篇交际目的为旨归,通常追求功能对等目标。译者需要通过分析语篇类型、语篇结构和谋篇机制等源语篇特征,以此为证据和线索梳理源语篇功能,寻找再现源语篇功能的方法。在语篇类型方面,分析语篇的主导功能,以及语篇的整体修辞目的以及它对应的语境构型,通过这双层分析框架确立语篇翻译可采用的基本方法和语篇功能对等的主要焦点。在语篇结构方面，通过分析语篇等级结构，区分语篇必要成分或可选成分，确定标语篇基本框架和语篇翻译的调整限度；通过分析语篇的线性结构，结合源语言与目标语言间的文化和思维差异，调整段落内话语序列的起点、边界和顺序。在谋篇机制方面，通过梳理语篇的衔接网络和主位推进模式，分析其连贯特征，揭示谋篇机制承载的交际意图并设法再现之。分析语篇类型、语篇结构、谋篇机制等语篇特征，解读源语篇意义，这为译者介入源语篇作者与目标语篇读者之间的意义协商，促成两方之间的跨语言、跨文化交际奠定基础。

第 2 章

语境与隐含意义传译

哈蒂姆和梅森认为，如果将语篇看作发生于社会体系中的交际交易（communicative transaction），意义就是语篇作者与接收者之间协商的结果。语篇作为有动因的选择（motivated choice）的记录，体现的并非形式意义本身，而是作者意图表达的意义。[1] 译者是实现语篇意义跨语言跨文化传递的中介者，必须以源语篇所提供的证据为基础，处理隐含在语篇文字内容之下的意义（哈蒂姆和梅森称之为"推断意义"（inferable meaning））。[2] 从这个层面来看，翻译不仅要传递语篇中的词汇意义和语法意义，还要根据语篇的语言内容梳理"交际交易"所在的各类语境，解读并传译隐含在字里行间的意义。本章即以哈蒂姆和梅森的语境—语篇分析框架为基础，结合系统功能语言学的语境层次理论，就语境对语篇隐含意义传译的影

---

1 HATIM B, MASON I. Discourse and the translator[M]. Shanghai: Shanghai Foreign Language Education Press, 2001: 4.
2 HATIM B, MASON I. Discourse and the translator[M]. Shanghai: Shanghai Foreign Language Education Press, 2001: 33.

响进行探讨。

英语中"语境"(context)一词最初的意思是"上下文"(co-text),即某个特定句子前后的词或句子。伦敦学派学者、英国社会人类学家马林诺夫斯基(B. Malinowski)首先用"情景语境"(context of situation)一词表示语篇的所有环境(包括语言环境和语篇使用情境)。马林诺夫斯基后来发现,语篇的使用不仅与直接情境有关,还与语篇所处整体文化背景有关,因此他又区分两个重要概念:情景语境和文化语境(context of culture)。[1] 伦敦学派另一位学者弗斯(J. R. Firth)提出"意义是语境中的功能",将语境与语言变体联系起来。[2] 韩礼德等学者则提出用语场、语式和语旨等三个语域变量对情景语境进行描述。相似的情景语境往往有相对固定的语域变量组合,这种组合被称为"情景语境构型"(configuration of situational context)。[3]

哈蒂姆和梅森认为,马林诺夫斯基—弗斯—韩礼德路径为讨论翻译语境提供了理论基础,但是韩礼德提出的语域概念不能完全满足翻译语篇处理的要求。通过分析语域变量可以重构交际事件的情景语境,能让交际参与者理解和预测另一方的可能言辞,保证言语交际顺利进行,这为语篇翻译提供线索。言语交际行为与语域相适应,并不能完全预期交际目的的达成,还需要考虑参与者"以言行事"的意图,所以语境分析需要增加一个语用维度;此外,交际意图的达成还取决于听者能够正确解读该意图,这与交际者所处文化背景相关。文化背景受制于特定语言文化共同体解析和认知世界的

---

1 HALLIDAY M A K, HASAN R. Language, context and text: aspects of language in a social-semiotic perspective[M]. London: Oxford University Press, 1989: 6.
2 HALLIDAY M A K, HASAN R. Language, context and text: aspects of language in a social-semiotic perspective[M]. London: Oxford University Press, 1989: 8.
3 HALLIDAY M A K, HASAN R. Language, context and text: aspects of language in a social-semiotic perspective[M]. London: Oxford University Press, 1989: 12, 38.

符号体系，因此语境分析还需增加一个符号维度。[1] 翻译涉及不同语篇性标准（Standard of Textuality），分别对应着不同的语境域（Contextual Domain）：连贯性与衔接性对应语篇结构和谋篇机制维度，互文性对应符号学维度，意向性和情境性则对应语用维度。[2]

哈蒂姆和梅森将语用维度和符号维度都放置在语域层次上，并认为符号、语用和交际三个维度由语篇语场、语旨和语式等因素体现，这与系统功能语言学的语境理论是不同的[3]。但他们又认为，符号、语用和交际是与体裁和话语、语篇相联系，构成等级关系。这与功能语言学的语境层次有相通之处。根据马蒂森等人的语境理论，语境可以分为三个层次：文化语境（Context of Culture）、情景语境（Context of Situation）和上下文语境（Context of Co-text）。文化语境是意义潜势系统，情景语境体现文化语境，上下文语境以语篇的形式体现文化语境和情景语境的变量特征。在语境与语篇的关系上，文化语境对应语篇体裁、情景语境对应语域、上下文语境对应语言表达方式。[4] 相较两者，似乎可以认为，哈蒂姆和梅森的三个语境分析维度与功能语言学提出的语境理论不完全一致，但大体相通。交际维度和语用维度与语言具体使用变项相关，大致类似对应于语域

---

1 HATIM B, MASON I. Discourse and the translator[M]. Shanghai: Shanghai Foreign Language Education Press, 2001: 55-57.
2 HATIM B, MASON I. The Translator as Communicator[M]. London & New York: Routledge, 1997: 18.
3 HATIM B, MASON I. Discourse and the translator[M]. Shanghai: Shanghai Foreign Language Education Press, 2001: 75. 此外，哈蒂姆和梅森关于"语用维度"的主张可能源于弗斯语境分析框架的第四条"言语行为的效果"（effects of verbal action）。他们在《语篇与译者》中曾引用弗斯框架要目。参见：HALLIDAY M A K, HASAN R. Language, context and text: aspects of language in a socialsemiotic perspective[M]. Oxford: Oxford University Press, 1989: 8; HATIM B, MASON I. Discourse and the translator[M]. Shanghai: Shanghai Foreign Language Education Press, 2001: 37.
4 尚媛媛. 语境层次理论与翻译研究[M]//功能语言学与翻译研究. 北京：外语教学与研究出版社, 2010: 61; 胡壮麟. 新编语篇的衔接与连贯[M]. 上海：华东师范大学出版社, 2018: 191.

（情境语境），符号维度与语言使用所筑基的假设、预设和规约有关，还与意识形态有一定关系，大致对应于体裁（文化语境）。语篇结构和谋篇机制维度部分是上下文语境的一个部分。[1] 将语篇的隐含意义与语篇性及不同语境层次结合起来，可以看出它们之间的大致联系：上下文语境—谋篇机制—语篇连贯隐含的意义；情景语境—语用意图—言语行为隐含的意义；文化语境—符号体系—互文性隐含的意义。[2] 本章拟结合英汉翻译实践，从以上三个方面来考察不同层次语境对语篇隐含意义传译的影响。

上下文语境

谋篇机制影响语篇连贯，语篇连贯折射交际意图，可为理解把握和翻译单个词句提供上下文语境。[3] 梳理谋篇机制线索，解析语篇连贯脉络，把握字词谋篇组合形成的隐含意义，可以为词句翻译提供启发。

哈蒂姆和梅森所言通过"谋篇机制线索"勾勒语篇蕴含的交际意图，有一个重要前提：谋篇机制的选择不是任意的，是一种"有理据的选择（motivated choice）"。[4] 所谓"有理据的"包含两层含义。一方面，语篇受语境制约；另一方面，语篇作者能够在符合规

---

[1] 他们在《译者即交际者》中将语篇结构和谋篇机制列为上下文语境的一部分。HATIM B, MASON I. The Translator as Communicator[M]. London & New York: Routledge, 1997: 16-20.
[2] 哈蒂姆和梅森认为，译者的语篇分析过程是一个从语篇到语境的往复运动过程,译者先进行语篇的连贯与衔接分析，然后是语篇互文照应分析，最后是语篇意向分析。本章出于对语境层次逻辑的考虑，没有遵照哈蒂姆和梅森提出的顺序。HATIM B, MASON I. The Translator as Communicator[M]. London & New York: Routledge, 1997: 16-20.
[3] HATIM B, MASON I. Discourse and the translator[M]. Shanghai: Shanghai Foreign Language Education Press, 2001: 193.
[4] HATIM B, MASON I. Discourse and the translator[M]. Shanghai: Shanghai Foreign Language Education Press, 2001: 193.

约化场景的情况下，能动地选择达成交际目的之最佳表达方式，谋篇机制是这些表达方式的重要组成部分。[1] 将谋篇机制的线索与产生这些机制的交际过程结合起来，可以帮助语篇接收者解读这种意义。[2]

对于如何梳理谋篇机制线索，解读语篇连贯并把握字词谋篇组合形成的隐含意义，哈蒂姆和梅森未做过多的系统阐述。我们认为，可以从语篇衔接关系网络和主位推进模式、特定衔接机制或主位推进模式的采用，以及语境隐性衔接关系等三个方面，梳理语篇的谋篇机制和语篇连贯特征，揭示语篇连贯隐含的意义，最终为目标语篇保留或者调整谋篇机制提供决策依据。以下分述之。

首先，源语篇衔接关系网络和主位推进链中隐含的意义。衔接关系网络和主位推进链是语篇连贯的形式表现，它们的组合折射单个字词未能表达的意义或交际意图。在翻译中，译者一方面需要梳理源语篇的语法衔接、词汇衔接或结构衔接等机制，勾勒语篇的衔接网络，分析语篇各成分的语义关系；另一方面也需要梳理源语篇的主位推进链，分析源语篇的主要逻辑脉络，解读其所隐含的语篇交际意图。在此基础上，确定是否以及如何再现源语篇隐含的意义。以下是通过衔接关系网络解读隐含意义。

例 2.1

How was it possible, I asked myself, to walk for an hour through the woods and see nothing worthy of note? I who cannot see find hundreds of things to interest me through mere touch. I feel the delicate

---

[1] HATIM B, MASON I. Discourse and the translator[M]. Shanghai: Shanghai Foreign Language Education Press, 2001: 194, 210.

[2] HATIM B, MASON I. Discourse and the translator[M]. Shanghai: Shanghai Foreign Language Education Press, 2001: 194.

symmetry of a leaf. I pass my hands lovingly about the smooth skin of a silver birch, or the rough, shaggy bark of a pine. In the spring I touch the branches of trees hopefully in search of a bud the first sign of awakening Nature after her winter's sleep. I feel the delightful, velvety texture of a flower, and discover its remarkable convolutions; and something of the miracle of Nature is revealed to me. Occasionally, if I am very fortunate, I place my hand gently on a small tree and feel the happy quiver of a bird in full song. I am delighted to have the cool waters of a brook rush through my open finger.

例2.1节选自海伦·凯勒（H. Keller）的《假如给我三天光明》（*Three Days to See*）。语篇主要采用了两种非结构衔接方式。一种是照应，第一人称代词"I"反复出现，甚至可以说纵贯整个语篇。另一种是词汇衔接。语篇反复使用了三类语义密切关联的词汇。第一类是感官动词（如"see""touch""pass""feel"）；第二类是描述主体对感官对象印象的词（包括客观性的"symmetry""smooth""velvety""texture""cool""rough""convolution"和评价性的"delicate""happy""miracle"等）；第三类是主体在感官动作过程的心理状态（如"lovingly""hopefully""fortunate""gently""delighted"）。这些词汇构成了完整的语义空间。作者重复性地使用某些衔接方式并非纯粹为了满足谋篇的功能，也有表达一定语义的意图。在第一句，语篇以"it"为主语，而"I asked myself"被置于插入语位置。这样，"it"与下一句的"I who cannot see"构成了一个主体的对比。第一句子中不定式"to walk"并无明确动作主体，暗示具有正常视觉的任何不特定的人，第二句的动作"find"则有明确的主体"我"。因此，第一句主语不应省略或变成以"你"为主语，而应该是与下一句的"我"相对，可以译成"（任何）一个人"。从上下文语境看,"I asked myself"是无声的问答,"how was it possible"是作者基于自己人生经验而对他人的言论或感想发出的疑问,而非对自身的反思或怀疑。第一句与第二句之间的词汇衔接表现为词义对比,如"nothing"和"hundreds of things"(数量对比)、"worthy of note"和"interest"(程度对比),以及"walk and see"和"find"(敏锐性对比)等。这些词表明了两类人在感受大自然方面巨大的差异。语篇的词汇搭配折射了作者细腻的感知能力。具体词汇("tree""bough""leaf""bird")和抽象词("symmetry""convolution""song""quiver")的搭配使用,提示主体从微观具象中把握宏观抽象、让生命与自然和谐融汇的能力。在结构方面,语篇包括六个以"我"(I)为主语的句子。这些句子都是以主语"我"加感官动词的主谓(S-V)简单句。这些句子的反复使用形成结构衔接。它们大致反映两层意思:其一,生活的快乐是简单的,如简单成分即可构成句子;其二,小"我"的发现最终形成一个"大写的我"的存在,简单的快乐一旦累积起来就形成无与伦比的快乐,正如简单的句子形成的令人震撼的排比效果。

基于以上分析,翻译时应该保留源语篇以"我"为主语的简单句形式,以及它们形成的结构形式。在词汇方面,突出感官动作相关词汇建构的细腻的语义空间,注意第一句和第二句之间的词义对比,以及"I asked myself"一句反映的心理状态。试翻译如下。

译文

一个人漫步于树林中整整一个小时,却没看见什么值得留意的东西,这怎么可能呢?我心想。我一个盲人单凭触觉也能发现成百上千有趣的东西。我感受到树叶的精巧匀称。我曾将手轻柔地抚过白桦光滑的皮肤,也掠过松树蓬松粗犷的树皮。春天里,我触摸着树枝,满怀希望地寻找初生的新芽,那是大自然自冬眠苏醒的第一个讯息。我感受花朵天鹅绒般的顺滑诱人的质感，发现花萼令人惊叹地层叠交错，那一刻大自然的神奇就展示在我身前。偶尔，我将手轻柔地放在小树枝上，幸运地体会到鸟儿欢唱时迸发的幸福的震颤。清凉的溪水流过指尖时，我也无比愉快。

以下是另一个例子。

例2.2

核能自诞生以来，为人类的经济社会发展作出了巨大贡献，同时其蕴含的巨大风险也有目共睹。福岛核事故后，一些国家作出了限制甚至放弃发展核能的决策，我们对此表示理解和尊重。但在中方看来，核能在保障能源安全、促进经济发展、应对气候变化等方面的作用短期内无法用其他能源方式取代。因此，我们不能因为发生一两次核事故而彻底扼杀核能的未来。

例2.2是旨在阐明中方立场的论辩型/呼吁性语篇。从谋篇机制上看，该语篇有着较为明晰的衔接关系。首先，从词汇衔接层面看，语篇围绕一个话题"核能"，该词汇以词汇重复的方式构成衔接。语篇有两条语义明确相对的衔接主线，即"作用"—"贡献"—"未来"和"风险"—"事故"—"限制"/"放弃"—"扼杀"。这两条衔接主线反映出对于核能的不同态度。源语篇对于这两种态度都进行了叙述，折射出中方对于核能积极作用和消极影响有较为平衡的认识，立场较为理性客观。此外，语篇还有语义隐晦相对的两条衔接链，即"人类"—"我们"和"我们"/"中方"—"一些国家"。值得一提的是，这两处"我们"虽然暗含着"中方"代表人类社会理性力量的意向意义，但是最后一个"我们"仍然强调人类社会作为一个共同体，应该对核能采用一个较为一致的立场。因此，语篇最后出现的"我们"也不宜贸然译为"we"，以免与代表"中方"的"我们"相混淆。基于以上考虑，试译如下。

译文

Since its emergence, nuclear energy has been a great facilitator to human's social and economic developments, and also an apparent huge risk on mankind. After the Fukushima nuclear accident, some countries limited or ceased the development of nuclear energy. Their decisions we understand and respect. Nevertheless, in China's view, the energy still plays important roles in energy safety, economic development and climate-change-addressing which are irreplaceable in a short time. It should not be killed just because of one or two accidents.

通过主位推进链分析隐含意义如下。

例2.3

水稻是世界上最主要的粮食作物之一，世界上一半以上人口（包括中国60%以上人口）都以稻米作为主食。中国是世界上最早种植水稻的国家，至今已有7000年左右的历史，当前水稻产量占全国粮食作物产量近一半。水稻作为主要的粮食，无论对中国还是对世界的重要性都是不言而喻的。中国在超级杂交水稻（super hybrid rice）生产方面成就突出，关键人物便是袁隆平。被誉为"中国杂交水稻之父"。

例2.3语篇的关键词"水稻"—"中国"—"袁隆平"—"中国杂交水稻之父"形成较为完整明确的衔接关系网络，语篇各小句在信息结构上也大体符合从"已知信息"到"新信息"的规律。不过,读者需要结合上下文语境的信息才能较为充分地了解各小句之间的逻辑关系,语篇的逻辑脉络显得迂回曲折,需要进一步分析语篇的主位推进链,才能了解语篇的意向意义。由于汉语语法习惯用表示人或人的集合的名词作主语,所以第一句和第二句的小句似乎都发生了主位变化("水稻"—"世界上一半以上人口";"中国"—"水稻产量")。但是,这两个句子都采用了"论点"—"论据"的逻辑论证方式。如果以英美人士的线性思维模式来表述,这两句可以重述为:"水稻是世界上最主要的粮食作物之一,(它)作为主食养活了世界上一半以上人口(包括中国60%以上人口)。在中国(最早种植水稻的国家),水稻已有7000年左右的栽培历史,且(水稻)当前产量占全国粮食作物产量近一半。"这就与第三句形成主位推进,并且在逻辑脉络上显得明晰。第四句有两种理解。以"中国"作为第四句头一个小句的主位,可以与前三句构成主位推进。不过,如果将"中国在超级杂交水稻(super hybrid rice)生产方面成就突出"作为"关键人物就是袁隆平"的铺垫,中间似乎省略了某种信息,或者说利用了汉语读者熟悉的语境信息即"中国认识到超级杂交水稻研究和生产的战略意义,进行了大量努力,并取得了突出成就"。这对于其他语言文化中的读者而言不属于已知信息,应该加以补全。第五句是描述"袁隆平"的新信息,缺少已知信息作为主位,不妨与第四句进行重新组合。基于以上考虑,笔者试译如下。

译文

　　Rice, one of the most important crops in the world, feeds more than half of the world's population, including over 60% of Chinese people. In China, where it was originally grown and has been planted as grain for 7000 years, the crop accounts for nearly half of the country's grain output. To the Asian country, and to the world as well, rice's importance is beyond discussing. Consequently, China has took great efforts in growing super hybrid rice and has made remarkable achievements. This partially owes to Yuan Longping, a key figure who was called "the father of Chinese hybrid rice".

其次,源语篇采用特定衔接机制或主位推进模式中隐含的意义。除了衔接关系网络和主位推进链外,语篇采用特定衔接机制或主位推进模式,特别是频繁地或"反常地"采用特定衔接机制或主位推进模式,也可能在一定程度上折射语篇作者的交际意图,隐含某种意义。在这种情况下,译者需要辨别源语篇采用特定衔接机制或主位推进模式是否偏离语言文化常规,分析其中隐含的意义,并努力让这些意义最大程度得到再现。

例如,简·奥斯丁小说《傲慢与偏见》(*Pride and Prejudice*)第一句"It is a truth universally acknowledged that, a man of fortune must be wanted of a wife."是文学评论家和翻译家都津津乐道的名句。王东风教授后认为,前一个小句"it is a truth universally acknowledged"作为整个句子的主位,"强行预设了读者的期待视野";该小句后从语法上看完全没有必要的逗号,以及前后两个小句从庄重哲理到市井俗见的巨变,构成了一种"突降"的悬念和讽刺效果。如果遵照汉语汉语"陈述—评论"的逻辑顺序和"已知信息到新信息"的常规主位推进模式,将"举世公认的真理"译在句子后半部,这些隐含的意义可能会被湮没在文字里。因此,他将此句翻译为:"有一个举世公认的真理,那就是单身汉有了财产就必定要有个太太。"[1] 再如美国现代小说家威廉·福克纳的小说《坟墓的闯入者》

---

[1] 王东风. 连贯与翻译[M]. 上海:上海外语教育出版社,2009:54.

(*Intruder in the Dust*) 中的一段话。

例 2.4

[t]he whole white part of the country taking advantage of the good weather and the good all weather roads which were *their* roads because *their* taxes and votes and the votes of *their* kin and connections who could bring pressure on the congressmen who had the giving away of the funds had built *them*, to get quickly into the town which was *theirs* since it existed only by *their* sufferance and support to contain *their* jail and *their* courthouse, to crowd and jam and block *its* streets too if *they* saw fit: patient biding and unpitying, neither to be hurried nor dispersed nor denied since *theirs* was the murdered and the murderer too; theirs the affronter and the principle affronted: the white man and the bereavement of *his* vacancy, *theirs* the right not just to mere justice but vengeance too to allot or withhold. 1

照应（reference）是英语常用的衔接机制，在某个英语语篇中多次出现原本不足为奇。然而，在这则语篇中，作者连续地、频繁地使用具有相同指称对象的代词"their"/"theirs"/"them"，则有些不合英语语言的常规，产生一种"陌生化"的效果。细究之下可以发现，反复使用这些代词不仅暗示部分人私欲膨胀、不可一世的心态，还凸显了公共场所公共性（作为整体的"we"/"our"/"ours"）与私欲（"their"/"theirs"/"them"）之间的矛盾。它隐晦地表明：作者本人与那一部分人分属不同的阵营，对他们持批评态度。这种情感向背也是语篇隐含的意义。在翻译中，这些隐含的

---

1 FAULKNER W. Intruder in the dust[M]. London: Vintage Books, 1996: 145.

意义应该尽量再现出来。笔者试译如下。

译文

这是他们的道路因为这是**他们**纳的税投的票以及**他们的**亲戚和能对那些分配资金的议员施加压力的关系户投的票所修起来的……城镇也是**他们的**，因为只是由于**他们**容许和支持在这里建立**他们的**监狱和**他们的**政府大楼小镇才得以存在。如果**他们**认为合适的话还可以聚集在街道上把街道堵得满满的并且造成交通堵塞……被害的人是**他们的**，凶手也是**他们的**。

最后，源语篇的语境衔接方式隐含的意义。在言语交际中，出于简练的方式准则，发话者在保证交际成功的前提下，会利用语境因素（包括情景语境和文化语境）来提供信息，避免采用过多的明示言语信息。语篇作为一种社会交际方式，也会利用语境因素作为言语信息的补充，并构成语篇的语境衔接。语篇采用何种语境信息构成衔接，源于作者对意向读者的判断，也决定意向读者对于语篇的理解，在一定程度上折射语篇交际意图和隐含意义。因此，译者还需要留意源语篇中的语境隐性衔接，剖析其对语篇连贯的作用，解释其隐含的意义，并根据目标语言文化的实际情况加以适当处理。

例 2.5

It may be safely assumed that, two thousand years ago, before Caesar set foot in southern Britain, the whole countryside visible from the window of the room in which I write, was in what is called "the state of nature". Except, it may be, by raising a few sepulchral mounds, such as those which still, here and there, break the following contours of the downs...

例 2.5 节选自《天演论》的原文，即 19 世纪英国科学家托马斯·赫胥黎所著《进化与伦理》（Evolution and Ethics）。语篇中"the room in which I write"，"those which still, here and there, break the following contours of the downs"在语篇内部无法找到明确的指称对象，需要情景语境才能确定。但是，如果考虑到该著作的预期读者是当时受过教育英国社会中上层人士，则前述短语的所指大致是清楚的。读者可以通过著作署名了解"I"的所指，"the room in which I write"在作者居住地（英国东南部），"those which still, here and there, break the following contours of the downs"是当时英国东南部城郊或乡村的景色。这样，借助读者熟悉的自然景象，语篇将读者带入一个"身临其境"的情景语境中，为语篇的后续交流打下了基础。因此，可以说，这种情景语境构成一种隐性衔接，筑基于这种衔接机制上的语篇连贯也带有一定的意义。在《天演论》翻译的时代，目标读者（中国士大夫）对作者本人及其所处地方的历史地理背景了解不多，沿用源语篇的文字内容不能形成有效交际所处情景语境。因此，严复先生对源语篇隐含的情景语境进行了显化和补充，并以第三人称为目标读者描绘了一个外国的士人于书斋中抚今追昔的场景，引导读者继续阅读源语篇作者所发的宏论，较为有效地再现源语篇的隐含意义，达成源语篇作者的交际意图。

译文

赫胥黎独处一室之中，在英伦之南，背山而面野。槛外诸境，历历如在几下。乃悬想两千年前，当罗马大将凯彻未到时，此间有何景物。计惟天造草昧，人功未施，其借征人境者，不过几处荒坟，散落陂陀起伏间。[1]

---

1 王栻. 严复集: 第五卷[M]. 北京: 中华书局, 1986: 1323.

在相同的语言文化共同体的交际过程中,文化语境作为一种"预设",往往隐含于情景语境之下,被视为想当然的情景语境成分,文化语境也在一定程度上为语篇构成隐性的衔接。这种隐性的衔接对于预期读者理解语篇的意义也十分重要。[1] 在翻译这种跨语言交际活动中,源语篇与目标语篇所能利用的文化语境是不同的,因此有必要梳理源语篇文化语境构成的隐性衔接,分析其交际意图和隐含意义,并根据目标语言文化的常规,采用显性或隐性的手段再现之。

例 2.6

中国茶叶,历史悠久,品质超群,名扬四海。生津解渴,提神益思,消食解腻,健美减肥,延年益寿,增进健康。

例 2.6 是一则劝说型的语篇。语篇筑基于一些传统医药饮食理念,虽然没有照应、替代、关联等衔接机制,但分句的用词之间具有语义上的相近性。语篇采用四字韵文、排比句式,句子之间没有明显的主位推进结构,但是各分句基本属于主谓短语句,主谓短语之上有隐含的宏观逻辑主语("中国茶叶")。除了前述的四字排比特性外,大部分分句采用主谓结构(如"历史—悠久")或者并列的动宾结构(如"生津—解渴"),具有结构相似性。因此,以上两个方面在一定程度构成了结构性衔接。此外,语篇朗朗上口、平仄

---

[1] 语用翻译学者格特认为,人类的交际可用关联原则进行解释,所谓关联即用最小的言语处理努力获得最大的效益。语境在交际中的关联程度是获得该语境的假设所需要的努力。要使交际成功,关键的问题是听话者从自己的认知环境(语境)中可以利用的全部假设中,选出说话者预期假设相匹配的那些假设,换言之,每个明示交际都传递了有关最佳关联的预设。翻译就是达到最佳关联,努力让源语篇作者的意图与目标语篇读者的期待相配合,要么预设出原文的语境,最大程度忠实于原文交际线索,获得跟原文意图的解释信息;要么舍弃原文的语境线索或者触及原文语境,将注意力放在取得和原文相同的解释性相似上。参见:GUTT E A. Translation and relevance: cognition and context[M]. Shanghai: Shanghai Foreign Language Education Press, 2004: 24-36, 66-77, 135-136.

相对，具有汉语特色的语音衔接。从以上分析来看，语篇谋篇机制偏重隐性连贯，缺乏形式逻辑要求的主位推进结构和非结构衔接机制，其语篇结构接近中国传统招贴广告口号风格，反映了浓厚的中国审美理念和逻辑思维，可以在中国文化语境形成连贯，其交际意图可以为预期读者所理解。如果将该语篇翻译成英语，文化语境的差异可能会阻碍其交际意图的传递，需要译者在理解源语篇的基础上，根据目标语言文化常规对其谋篇机制加以调整。首先，在源语篇第一句和第二句之间尽管有共同的话题（"中国茶叶"），但其描写的焦点有明显的差别。前者介绍品质，后者介绍功能；前者偏重客观事实，后者偏重主观感受。两者具有语义上的明显转折。在目标语篇中，还应该增补某些关联词和短语来建立衔接，实现承上启下的功能。其次，在源语篇中，"中国茶叶"虽然是隐含的主语，但其在各小句之间构成一条衔接链。在目标语篇中，无论从语法上还是从语义上，都需要明示。但是，英语很少通篇使用词汇重复的衔接机制，因此还有必要采用指代、替代等衔接机制。此外，英语的广告语篇通常适用对话式的论辩/呼吁策略。根据这一常规，目标语篇可能需要多次采用第二人称"you"构成另一条衔接链。最后，源语篇的第二句包含三组并列的论题。它们在语义上并无直接的关联，知识依赖结构衔接和语音衔接而形成语篇连贯特征。在目标语篇中，由于文化语境的不同，以上结构衔接和语音衔接一般难以复现。不妨将每一组话题分为一个段落，通过段落在语篇等级结构上的并列地位，表明一定的结构相似性，作为补偿。基于以上考虑，笔者试译如下。

译文

For over thousand years, Chinese teas are renowned for their super qualities. And, needless to say, their unique satisfactions.

With a cup of Chinese tea, you ease your thirst and fresh yourself with a ready mind.

And regain your appetite while keep your shape.

Chinese Tea：Better for your long and healthy life. [1]

情景语境

翻译是源语篇作者与目标语篇读者之间跨文化交际的中继过程。要成功完成中继任务，译者要让源语篇作者的意图与目标读者的期待相匹配。这意味着译者既要分析源语篇的语域，根据其语境构型选择相应的词语和语法来形成目标语篇，还要分析源语篇作者的言语行为及其隐含意义，并在目标语言语境中将其充分地传达给目标读者。"语篇意义不仅于语篇表层的东西，还应包括其语用价值，即作者在既定社会环境下意图中表达出的东西。"[2] 译文不仅再现原文明示的意义（explicature），也再现原文暗示的意义（implicature）。[3]因此，目标语篇的词汇选用，既要符合目标语言使用的常规，也要对源语篇作者语用意图进行分析，让源语篇言语行为的隐含意义得到充分传达。

由于翻译材料大多数是非即时性的书面语篇，译者也不是源语篇作者的预期读者，无法直接了解源语篇作者的意图，只能通过语域分析把握语篇内言语行为发生的情景语境，以此为基础理解语篇有关的言语行为，体会其中隐含的语用意义。译者需要区分语篇包含的两类言语行为。

---

1 本案例曾用于笔者参编的翻译教程章节"广告语篇的翻译"。参见：王爱琴，高万隆. 英汉互译理论与实务[M]. 南京：南京大学出版社，2011：230.
2 HATIM B, MASON I. Discourse and the translator[M]. Shanghai: Shanghai Foreign Language Education Press, 2001: 91-92.
3 GUTT E A. Translation and relevance: cognition and context[M]. Shanghai: Shanghai Foreign Language Education Press, 2004: 45.

第一类是语篇作者与预期读者的会话言语行为。虽然语篇中没有预期读者的反应，但语篇作者本能地预测预期读者基本状况及其可能的反应，并采用相应词汇和语法组织语篇。译者应将自己置于预期读者的位置，分析作者对预期读者的假设，将隐含于字里行间的语用意义揭示出来。在具体方法上，可以视情况采用语域分析的方法了解语篇制作的情境，或者采用社会历史分析方法，从作者背景剖析其语用意图。如例2.7。

例2.7

The death of half a million women a year in pregnancy and childbirth is described in this report as one of the least-protested scandals of the late 20th century. But it is rivaled by another of the great hidden issues — the violence inflicted on women by their male partners. Surveys in recent years indicate that about a quarter of the world's women are violently abused in their own homes. Community-based surveys have yielded higher figures — up to 50% in Thailand, 60% in Papua New Guinea and the Republic of Korea, and 80% in Pakistan and Chile. In the United States, domestic violence is the biggest single cause of injury to women, accounting for more hospital admissions than rapes, muggings, and road accidents combined. Such figures suggest that assaults on women by their husbands or male partners are the world's most common form of violence. The problem is as difficult to solve as it is to measure — and for the same reason. Almost always, the violence occurs within the privacy of the home — into which friends, relatives, neighbors, and authorities are reluctant to intrude. The victims themselves voice fewer complaints, and have less resource to the law, than other victims of violence.

例 2.7 节选自联合国机构发布的官方文件。翻译此类语篇时,可以改变形式,但要精准保留内容。从语场层面看,语篇主题是妇女遭受家庭暴力的现状、表现形式和严重程度,旨在说明家庭暴力问题的危害性。语篇文风朴素,用词精准,尽量采用概念清晰、价值中立的词汇,一词多义、带有隐喻或文化意涵浓厚的词汇很少。在语式方面,语篇是非即时的书面语篇,词句语法形式严谨完整,基本上都是明示意义,没有暗示的会话含义。从语旨来看,语篇由联合国机构制作,预期读者包括各国政府、社会组织和各界人士,预期读者受教育程度较高,交际双方并无上下级隶属关系。语篇正式程度稍高,用词正式,少用非正式的俚语或行话,也很少用大词。句法结构简练,以简单句为主,很少主从复句,句子长度基本控制在 20 个词以内。根据以上分析,目标语篇的用词可以采用词义清晰、语体偏正式的日常词汇,以名词或静态动词为主。如"male partner"一词是为概括不同社会的各种男女共同生活状态而采用的词汇,所以不宜窄化为"丈夫""配偶"或"男朋友"(这些词汇都有不同的法律含义和文化内涵),照直翻译成"男性伴侣"为宜。此外,"authority"指行使公权力的机关,用这个词可以避免政治争议,因此也不宜将其翻译成"政府"。部分可做多重理解的词汇应根据上下文语境合理解读,不宜含糊其辞。如"community-based survey"既可以理解为"以社区为对象进行的调查",也可以理解为"以社区为主体进行的调查"。第一句"surveys in recent years"与第二句"community-based survey"有数据对比,而且"community-based survey"得出的数据是以国家为区分标准,从此来看,"community-based survey"更可能是以民间主体进行的非正式调查,后一种意义可能更为精准。此外,少数有明确情感意义的词汇(如"violence""inflict""abuse""victim""assault"等)应该准确再现其情感色彩语篇的中心要旨,其余的词汇翻译应该避免采用有内涵色彩或情感色彩的词汇。如"death"可以翻译成死亡,而非"去世"或"毙命";"hidden"可以翻译成"隐蔽"而非"隐藏"(后者暗示是有人故意掩盖)。该语篇试译如下。

译文

每年有五十万妇女死于怀孕和分娩,报告将此描述成二十世纪末一件最无可争辩的令人难堪之事。但与之同样严重的还有另一个隐蔽的大问题——妇女的男性伴侣对她们施暴。近年来进行的调查显示,世界上有四分之一的妇女在自己家中受到野蛮的粗暴对待。社区主导的调查得出的数字更高:泰国达50%,巴布亚新几内亚和韩国达60%,巴基斯坦和智利更高达80%。在美国,家庭暴力是妇女受伤的最大单一原因,其造成的住院人数比强奸、抢劫和交通事故的总和还多。这些数字表明,妇女的丈夫或男性伴侣对其施以暴力,是全世界非常普遍的暴力形式。这些问题很难发现,也很难得到解决,而原因都是一个:这些暴力几乎总是发生在家庭内部,朋友、亲戚、邻居和当局都不愿意介入。相比其他类型暴力的受害者,受害人自己较少投诉,也较少法律救济手段。[1]

文学语篇中语言行为隐含的意义则不妨以知人论世和文本细读结合的方法进行解读,如例2.8。

例2.8

WHEN I am in a serious humour, I very often walk by myself in Westminster Abbey, where the gloominess of the place, and the use to

---

[1] 申雨平,戴宁,编著.实用英汉翻译教程[M].北京:外语教学与研究出版社,2000: 16-18. 笔者对译文有小改动。

which it is applied, with the solemnity of the building, and the condition of the people who lie in it, are apt to fill the mind with a kind of melancholy, or rather thoughtfulness, that is not disagreeable. I yesterday passed a whole afternoon in the churchyard, the cloisters, and the church, amusing myself with the tombstones and inscriptions that I met with in those several regions of the dead. Most of them recorded nothing else of the buried person, but that he was born upon one day, and died upon another: the whole history of his life being comprehended in those two circumstances, that are common to all mankind. I could not but look upon these registers of existence, whether of brass or marble, as a kind of satire upon the departed persons: who had left no other memorial of them, but that they were born and that they died.

例2.8 节选自18世纪英国散文家艾迪生（J. Addison）的小品文《威斯敏斯特遐想》（*Thoughts in Westminster Abbey*），该文最先发表于艾迪生与斯提尔（R. Steele）合办的《旁观者报》（*The Spectator*）。该报的预期读者是18世纪的英国上层阶级，他们的教育程度高，文化修养好，欣赏从平凡的事物中揭示隽永道理的作品。语篇采用受过良好教育者的语言，句子结构较为繁复，多用主从复句、圆周句，用词正式且注意修辞效果（如排比、对偶）。它反映了艾迪生的文风：讲究克制陈述，不作过多的夸张或情感强烈之语，在平淡的语言之下隐藏着作者的态度。[1]

该语篇属于形式为中心的语篇。作者没有直抒胸臆，而是通过词汇和语法渐次向预期读者传达他对事物的观察态度。通读语篇，

---

1 JOHNSON S. Life of Addison, 1672-1719 [EB/OL]. http://web.mnstate.edu/gracyk/courses/web%20publishing/Johnson'sLife.htm. [June 2, 2020].

可以发现其中存在许多张力和反讽。第一句作者声称自己经常在心情沉重（in serious humor）时前往威斯敏斯特大教堂散步，教堂内的环境让人容易产生愁思（melancholy）。愁思通常是偏向负面的情绪，但是作者以小句"也并非不愉快"（that is not disagreeable）表明，这种愁思是对普遍性问题进行的非个人的思考，即句子中"更准确地说"（or rather）所言是一种"幽思"（thoughtfulness）。"也并非不愉快"从句短小精干且置于句子末尾，这就与"where"从句后四个短语构成的长主语形成了鲜明的对比。此外，主句的主语"我"（I）与"where"从句的宾语"心灵"（the mind）也有一个隐蔽的对比。前者是个体存在，后者则并非个体的存在，未必仅限于"我的心中"（my mind），也可能是与"我"背景相似者的心中。虽然这是"我"在威斯敏斯特大教堂产生的感悟，但这种感悟也可能是和大家（预期的读者）相通的。该预设可能减少作者与预期读者之间的心理隔阂，产生某种共情的效果。在第二句中，作者称自己在"自娱自乐"（amuse myself）。这看似陈述作者自己的行为，但实际上可能表明作者在行为过程中的心理状态。从前一句分析中，读者可能猜测作者要分享自己在威斯敏斯特大教堂的心得。如果这一猜测成立的话，"amuse"就是一个承上启下的词，它为作者介绍后续发现的具体内容奠定了基调，词中蕴含的内涵意义（"以轻快、玩乐和愉悦的方式"）则十分重要。然而，如果将第二句和第一句对照起来，会发现一个反讽的现象：在第一句中，威斯敏斯特大教堂环境庄严肃穆，以及两处作者没有点明的特点（大教堂埋葬先贤、葬在此地的先贤的地位崇高），往往会让人对家国命运产生宏大深邃的思考。这是沉重的话题，为何却让人有"轻快""玩乐""愉悦"的态度呢？这就可能引发预期读者的兴趣。这两句之间还有另外一处反差产生的张力。在第一句中，作者用了一个委婉的说法描述葬在此处的先贤："长眠者"（those who lie in it）。在第二句中，作者直接用了一个平淡的词汇:"死者"(the dead)。为什么会产生这种反差?可能的原因是第二句中墓碑(tombstones)和碑文(inscriptions)。在一个句子中并列使用"墓碑"和"碑文"两个词,似乎有些怪异。通常而言,人们重在关注碑文记载的内容,墓碑本身只是逝者财富和地位的外在表现,与碑文内容相比处于次要的位置。作者将两个词并列在一起进行描述,似乎意味着两者并非和谐同一。这种猜想在第三句得到进一步的阐明。逝者是英国历史上的先贤,因此在墓葬上得到了尊崇的待遇,享用上好材质的墓碑。但是,与墓碑相比,他们的碑文却显得有些寒酸。这种反差的反讽意味凸显在第三句的最后一个小句"和所有人一样"(that are common to all mankind)。在此,"common"一词的翻译就十分关键。先贤们原本是与普通人高下有别的人物,此处却成为与普通人没有区别的死者。他们的"common"不是自然形成的,而是差别被人为抹平的结果。所以"common"这个词不宜翻译成"相同",似乎可以译为"无异";如果采用反问语句的话,也可翻译成"有何异"。在第四句中,有三处暗含用意的词语表明了作者的观感。第一处是简短的插入语"(墓碑)无论是铜的还是大理石的"(whether of brass or marble)。这是承接上一句墓碑与碑文反讽的词语,尽管不显眼地安排在句子中间,显得有些克制陈述,但流露出强烈的否定语气,翻译时可以考虑恰当地引申词义,选用合适的修辞方法将语气表达出来。第二处是第四句词汇"记载"(register)、"纪念物"(memorial)和第三句词汇"历史"(history)之间的反差。"历史"暗示逝者生平之精彩,及其在文化和政治方面对社会的贡献;"记载"是筑基于史实筛选组合之上的叙述,这种对逝者生平的叙述决定了逝者令人怀念之处即"纪念物"。但是,纪念物却是"他们出生过,然后死了"(that they were born and that they died)。这与第三句"两处光景"(two circumstances)一脉相承,先贤和普通人一样只在两个日期之间生存过，将先贤的人生意义做了最大的无视。三者相较，墓碑"记载"显得荒唐可笑，形成了作者认定的巨大嘲讽。将先贤的地位与碑文内容并置形成反差，可以引导预期读者自行解读语篇中的内涵意义，引起情感的共鸣。在翻译成另一种语言时，由于缺乏相应的情景语境和文化语境，语篇潜在的意义可能很难被目标读者所了解。译者可以对此类含义加以明示，以方便目标读者更加直观地了解源语篇作者的语用意图。

译文

每当心情沉重，我总是独自一人在威斯敏斯特大教堂散步。教堂内气氛肃穆，加之又为先贤墓园，建筑难免庄严，此处长眠者地位尊崇，不由引人愁绪，或发人幽思，不过倒也怡然。昨日我在教堂、回廊、院子等处里盘恒整个下午，在几个安葬前人的所在，居然发现墓碑和碑文有趣得紧。碑文所记，无外乎此公生于何时，逝于何日，别无它字，其毕生功业，只留下此两处光景，又与常人何异。我不禁感到，此般人世的记载，铜文铸就也好，磐石铭刻也罢，都是对先者的嘲讽：诸公可资凭吊者别无他物，唯曾于某日出生，然后于某日辞世，如此而已。

第二类是语篇记录的言语行为。这种类型主要出现在小说、戏剧等文学语篇。言语行为的对象不是语篇预期读者，而是语篇记录的言语行为的参与者。这类言语行为通常有叙事或抒情之需要，反映行为者参与者心理状态、性格特征或道德面貌，语篇加以记录可以凸显主题设计或引导价值判断。在这种类型中，译者既要将自己置于言语行为对象的位置，分析言语行为本身的意图，又要从预期读者的视角剖析语篇作者记录该言语行为的意图。具体方法上，不妨通过文本细读法，寻找语篇内部各元素之间的反讽、张力和戏剧结构，发掘其中隐含的意义。如例2.9。

例2.9

痛苦纠聚心中，眉心发烫发热，胸口郁闷难展，胃里一股气冲喉而上。院长说这孩子发育迟缓时，她更是心头无绪。她在孩子所待的房里来回踱步，这房里还有其他小孩。整个房间只有一扇窗，窗外树影婆娑。就让孩子留下来吧，这里有善心的神父和修女，这里将来会扩充为有医疗作用的看护中心，这是留住孩子最好的地方。这孩子是她的秘密，她将秘密留在这树林掩映的建筑里。

例2.9的第一句直到第三句的"来回踱步"部分是作者对女主人公心理状态及其外在表现的描写。"这房里还有其他小孩"直到"这是留住孩子最好的地方"是自由间接引语，反映女主人公对外界的感知和思想挣扎。最后一句又是作者的描写。整个语篇对人物心理的外在表现和内在引述，旨在说明人物在故事前后的心理变化，推动情节的发展。自由间接引语部分是女主人公与自己的会话，是其对自己进行"劝说"的言语行为，其中蕴含着情感伦理与利益计算的矛盾和无法明言的隐痛。

对语篇进行细读，可以发现，语篇第一句由四个主谓短语构成的分句组成，结构上非常简洁，主谓短语隐含共同的逻辑主语。由于汉语具有意合特征，主语省略句在汉语中并非罕见。但是，四个结构相似且内容相近的分句组合成了一个句子，并且被置于语篇的首要部分，在也可能反映某种作者意图表达的意义：女主人公处于六神无主的状态，身体感知输入到大脑后，只能得到机械的反射，无法得到有效的整合，也不能为大脑中枢形成判断提供帮助。这一点为第二句中"更"字所间接证实。句子暗示的心理状态是女主人公后续心理挣扎的起点，在翻译中有必要再现出来。由于英语语法规则的要求，译文的句子不能像源语篇那样省略主语，但似乎可用被动语态进行补偿。

第三句"她在孩子所待的房里来回踱步"是女主人公心理状态的转折点。在不知时长的踱步过程中，她从情感震惊的状态中苏醒过来，开始对外界环境进行感知、分析和判断。"这房里还有其他小孩。整个房间只有一扇窗，窗外树影婆娑"等三个小句，是女主人公准备与自我对话的感官基础，也是她的一种陈述言语行为。按照语用学的关联理论，明示交际的信息总是与交际参与者的认知语境有最佳关联。[1] 在这里，周围环境与女主人公之间的关联就是孩子的去留，它们与女主人公的决策有利害关系。"这房里还有其他小孩"两种可能的解释：一种是"她在孩子所待的房里，发现其他小孩此刻也在（孩子自己可能也在）"，另一种是"她在孩子所住的房里（孩子们此刻可能都不在），发现孩子并非一个人住，还有其他小孩同住"。从关联角度看，后一种解释可能性更大些：孩子有长期同伴，今后不至于太孤单，这是对孩子有利之处。"整个房间只有一扇窗"表明房间的私密性好，"窗外树影婆娑"则为掩盖隐私又加了一道防线。这是对女主人公有利之处。不过，"整个房间只有一扇窗"对孩子未必有利，女主人公心情依然沉重，"窗外树影婆娑"重在表明树荫的浓密，不能按照词典的解释翻译成"树叶在风中舞动"。

在第五句中，女主人公开始对自己实施劝说言语行为。"就让孩子留下来吧"意味着她根据利益计算做出了初步的抉择，但是情感倾向和伦理判断仍在拷问该决定的合理性，让她不得不自我欺骗，试图暗示自己没有责任。这个小句有两个词汇十分重要，"让"暗示孩子要留下来，她只是同意孩子的要求，留下的决定是孩子作出的。

---

[1] GUTT E A. Translation and relevance: cognition and context[M]. Shanghai: Shanghai Foreign Language Education Press, 2004: 32.

因此，翻译中要将"让"的意思独立且突出地表达出来，不能将"让"与其他动词语义整合。另外，"吧"作为一个语气词表示某种程度的建议和劝说，表明将小孩留下来并不是坚定的决策。"这是留住孩子的最好的地方"并不是让孩子留下来的充分理由，而是女主人公决定留下孩子后，寻求安慰的无奈说法。因此，"就让小孩留下来吧"和"这是留住孩子的最好地方之间"并无强烈的因果关系，英语中不宜使用"for""since""because"等关联词连接。

在第六句中，女主人公作出了最终的决定。语篇不是用自由间接引语方法叙述女主人公的心理活动，而是直接将这一决定叙述出来。这暗示女主人公即使下定决心，也无法直接用语言向自己的内心表达出来。第六句分为两个分句，折射出女主人公仍然试图欺骗自己不堪折磨的良心：我只能将秘密留在树林掩映的建筑中，孩子请不要恨我，谁让你是秘密的载体呢？因此，在这个句子中，"孩子"与"秘密"之间不能有意义融合或形式关联，而是要分开在两个小句，最好用标点符号隔开。基于以上分析，试译如下。

译文

She was suffocated, with pain and depression gathering in her heart and chest, a burning fever mounting between her eyebrows and a gush of agony about to run from her stomach to her throat. When the headmaster told her about the child's growth retardation, she was utterly at a loss. She paced back and forth in the room where her child stayed with other little pals. Only one window was there in this room, outside which leaves of tree were shadowing. Just let him stay, she told herself. It is the best shelter for him. There are kind priests and nuns and it will be developed into a protectory with medical care. She would keep the child as her secret, a secret in the building sheltered by trees.

文化语境

在言语交际中,意义的传达依赖交际者的共同预设。语篇作者对意义的生产,以及预期读者意义的解读,都基于彼此共享的(或认为彼此共享的)一系列假设、前提和常规。这些预设不仅与情景语境有关,也与交际者所处文化体系对真实世界的认知方式有关,"话语相关的预设、前提和常规反应了某个文化对现实进行建构和分割的方式。"[1] 因此,语篇交际不仅涉及语篇内的明示语言,还与该语言所处的整个符号体系相联系。符号不是一个实体,而是一种关系;符号的意义不仅在于符号自身,而在于其在符号系统中的位置和关系。语篇元素与文化语境的关系也是"符号与符号体系的关系"。[2] 由于符号体系比较抽象,人们难以直接接触,语篇作者和读者对符号的把握都要依赖符号此前其他语篇的使用,因此语篇都具有法国文艺理论家克里斯蒂娃(J. Kristeva)所言的"互文性"。[3] 克里斯蒂娃认为,"语义组和诗性序列是在写作主体、读者和外部文本组成的三维度文本空间活动,词语的地位决定于:a)横向轴:文本中的词语同时属于写作主体和读者;b)纵向轴:文本中的词语指向先前的或共时层面的文学文本集合。……作为文本的最小单位的词语担任了中介者的角色,它连结结构模式与文化

---

1 HATIM B, MASON I. Discourse and the translator[M]. Shanghai: Shanghai Foreign Language Education Press, 2001: 67.
2 转引自: HATIM B, MASON I. Discourse and the translator[M]. Shanghai: Shanghai Foreign Language Education Press, 2001: 57-59, 109.
3 克里斯蒂娃认为,"任何作品的文本都像许多文本的镶嵌品那样构成的,任何文本都是其他文本的吸收和转化",文本有表层文本(phenotexte)与生成文本(genotexte),在表层文本之下存在一个指向其他文本的生成文本,对文本的处理总要回归到文本之前的文本,这就是互文性(intertextuality)。参见:克里斯蒂娃, 茱莉亚. 符号学——符义分析探索集[M]. 史忠义, 等, 译. 上海: 复旦大学出版社, 2015: 87; HATIM B, MASON I. Discourse and the translator[M]. Shanghai: Shanghai Foreign Language Education Press, 2001: 121.

历史语境"。[1] 语篇互文性隐含的意义也涉及这两个方面。

由于互文性隐含意义一般由具体的词句承载，译者一方面要分析词句在源语言符号体系的可能意义，另一方面要根据语篇内元素互文关系来确定可能性最大的一种意义。在具体操作方式上，可用定义的形式进行推测，用较长文字复述词语的深层意义，把隐蔽在文字之下的意义明确表达出来。例如下文各例。

例2.10

生活不如意时，文学书籍给我们提供了可以达到一种比现实更美好的境界——书里面的水可能比我们现实生活中的水要清，天比我们现实中的天要蓝；现实中没有完美的爱情，但在书里有永恒的《梁山伯与祝英台》《罗密欧与朱丽叶》。读书，会弥补我们现实生活中所存在的不堪和粗糙。

例2.10中有许多中国文化意蕴的词汇，如"如意""境界"。按照《辞海》的解释，"如意"是"称心""如愿""顺遂心意"。[2] 如意与否与物质多寡关系不大，它不是关于生活艰难的客观描述，而是关于环境与主体关系的主观判断词汇，与中国人尤其是知识分子心理倾向密切相关。"生活不如意"并非生活如何，而是"生活让我们感觉如何"。"境界"指"境地""景象""六识辨别的对象""造诣"和"意境"等。[3] 它含义广泛，既指客观事物所能表现的情况或达到的程度，又可以是宗教修养（尤其是佛教）达到的精神状态，还可以是主观与客观的交感，如眼耳鼻舌身意等六识所感知的认识

---

1 克里斯蒂娃, 茱莉亚. 符号学——符义分析探索集[M]. 史忠义, 等, 译. 上海: 复旦大学出版社, 2015: 87.
2 辞海编辑委员会. 辞海[Z]. 上海: 上海辞书出版社, 1999: 3118.
3 辞海编辑委员会. 辞海[Z]. 上海: 上海辞书出版社, 1999: 1578.

辨别对象。从自然景色到天人合一的精神状态，再到言有尽而意无穷的审美感受，"境界"在中国传统文化符号系统中一直有着不断延伸拓展的衍义。关于"境界"的文艺作品和艺术讨论可谓汗牛充栋（典型者如王国维的"境界"说）。就语篇上下文判断，"境界"一词是指"在诗词艺术作品所呈现的境域以及表现的层次和特色，以及在此基础上让读者产生的天人合一的精神状态"。这是与现实世界相对的另一种心理空间。它存在于读者想象，比英语的"room""space"要大；它没有边界，也没有条块分割的意思，与"realm""domain"不同。本书将其理解为"world"。

语篇中"书里的水""书里的天"属于隐喻式的使用，并非指物理学上的书中存在的水或天，而是书中那个境界里的水或天。翻译成"water in the books"或"sky in the books"可能令人讶异，不妨复述为"那个境界里的水，那个境界里的天"。《梁山伯与祝英台》《罗密欧与朱丽叶》并非指某两部关于爱情的作品，而是两本书籍里叙述的某一类爱情。语篇中"理想"与"永恒"并列，间接反映了中国人的传统爱情观，即"真正的爱情是忠贞不渝的、追求永恒的，而非过把瘾就死的那种"。翻译不妨表明两者之间的对应关系。"弥补"既指"填补"，也指"补偿"。从语篇上下文看，此处的"弥补"不是填补现实中缺乏的内容，而是补偿现实给人造成的心理伤害（也就是"不如意"），只不过这种补偿并非物质的而是心理的，是消除伤害后果或减轻伤害程度。造成伤害的直接原因——"不堪"和"粗糙"是词义很晦涩的两个词。不堪本是动词或副词，如"不堪虐待"和"狼狈不堪"。"粗糙"是形容词，指物品不精细、行为马虎或性格粗暴。现实中有哪些"不堪"和"粗糙"，它们与人生"不如意"有什么关系？这就与中国传统知识分子的心态有关。文人讲究"品性高洁""品味优雅""学而优则仕"。在他们心中，占据高位的人应该在品德和文化修养上令人佩服。如果小人占据高位，文人自己信奉的价值体系受到侵蚀，其胸中抱负不得施展，不屑于小人为伍又须虚与委蛇，长此以往自然觉得难以如意。照这种理解，语篇中"不堪"和"粗糙"很可能是道德上的丑陋和文化修养的粗俗。翻译不妨对此进行明确。该语篇试译如下。

译文

When life disappoints us, literary books create for us a better world where there are clearer water and bluer sky than reality. There is no ideal love in real world, but there are eternal ones in *Liang Shanbo and Zhu Yingtai* and in *Romeo and Juliet*. Reading may relieve us from the morally ugly and the culturally rough.

例 2.11

我想我的长辈们之所以对过年感慨良多，一是因为过年意味着一笔开支，而拮据的生活预算里往往没有这笔开支，二是飞速流逝的时间对他们构成的巨大压力。小孩子可以兴奋地说：过了年，我又长大了一岁；而老人们则叹息：嗨，又老了一岁。过年意味着小孩子正在向自己生命过程中的辉煌时期进步，而对于大人，则意味着正向衰朽的残年滑落。

在例 2.11 中，"过年"是动宾结构短语，使用该短语互文性的语篇非常多，其涵义非常丰富，既可以指中国人的一个传统节日，也可指与该节日相关的庆祝活动、该节日持续的一段时间（广义指从腊月二十三至正月十五，狭义指除夕当天），以及该节日之后的新的一年。具体内涵要以语篇的符号网络确定。根据上下文语境判断，第一个"过年"表示节日，第二个"过年"表示庆祝节日，第三个"过年"表示年份交替的日子即除夕，第四个"过年"表示节日之后新的一年。"过年"作为中国人最看重的节日，包含团圆、喜庆及期盼平安幸福的的意蕴，被赋予了积极意义和情感内涵。因此，语篇中我的长辈们"对过年感慨良多"就不是单纯的很多种情感，而是期待与忧愁交杂、积极与消极兼有的情感。与此相关的是"大"与"老"的差异。"大人"并非指成年人，而是已经度过成长岁月的走向衰老的人。"大"和"老"有显著的差异，正如"进步"和"滑落"两个词所表明。在英语中，"大"和"老"似乎都可用"grow"表示，即使"grow up"和"grow old"也没有明确表示中国文化中体现的差异。"嗨"是一个拟声词，可以表示某种强烈语气，在语篇中是某种无可奈何的压抑情感。"又老了一岁"暗示着则是"剩余人生又减了一年"。基于这种理解，该语篇试译如下。

译文

My fathers' complicated feelings about the Chinese New Year, I think, are due to two reasons. On the one hand, celebrating the festival means great expense, which is not included in their meagre budget; on the other hand, the fleeting time exerts them heavy pressures. Kids may excitedly say that they are a year more mature after the New Year's day, while elders possibly sigh, "well, another year less". For the young, the coming year signals march to the most brilliant part of their life, while for the elder, declines to their twilight days.

值得注意的是，互文性隐含意义与上下文语境的隐含意义可能存在差异，翻译时有可能相互冲突，若未适当处理会让出现"假朋友"导致意义失真，甚至引起误解。这些冲突大致有两种类型。

其一，源语篇的两种隐含意义存在张力，且这种张力是作者有意为之。在这种情况下，译者需要发现词语之间张力，查找修辞性使用词语的同义词、近义词或反义词，剖析词语在符号系统中的位置和关系，明确其深层语用意义。如例 2.12。

例 2.12

幸福有时会很短暂，不像苦难似的笼罩天空。如果把人生的苦难和幸福分置天平两端，苦难体积庞大，幸福可能只是一块小小的矿石。但指针一定要向幸福这一侧倾斜，因为它有生命的黄金。

例 2.12 语篇中的"短暂"在中国文化符号系统中是一个时间概念，"笼罩天空"通常是一个空间的概念。但是，"短暂"与"笼罩天空"在语篇中结构并列而意义相反，这种张力似乎难以理解：时间概念与空间概念如何构成反义的关系？一种可能的解释是，其中一个词语是修辞性使用。相对而言，"笼罩天空"作为一个意象刻画的短语，修辞性使用的可能性更大。如果将"笼罩天空"理解为一个时间观念，内涵意义可能是"苦难像乌云一般占据着天空（或其某个区域）久久不肯不消散"，而非"苦难像乌云般占据人们视野中天空的大部分区域"。如此解释，"笼罩天空"在英语的对应词语可能是"persisting"而非"overwhelming"。语篇中还出现了"幸福""苦难"和"庞大""小小"等词语之间的对立。幸福是主体对客观环境中生活状态的主观评价，并无客观的标准。苦难一般是由主体无法控制的客观环境自然或社会环境所引发（由主体自己导致的是悲剧或错误），客观性意味着更为浓厚。翻译可以据此寻找各自的近义词。"体积庞大"苦难与"小小矿石"对比，且天平的指针"一定要向幸福这一侧倾斜"，暗示苦难的"庞大"是臃肿、大而不当的"庞大"，幸福的"小"是贵重的"小"。该语篇可试译如下。

译文

Unlike persisting miseries, happiness may be transient. Miseries may be bulky, while happiness tiny. However, if they are put on either side of a balance, the needle inevitably points to happiness, which contains the gold of life.

其二,源语篇的两种隐含意义互相契合,但这种契合无法在目标语言再现。这种情况下,译者可能会倾向于再现互文性的隐含意义,舍弃上下文语境的隐含意义。这样可能引起的后果是,保留的互文形式让目标读者难以理解或者联想到大相径庭的意义。译者也可以根据上下文语境对词语意义进行复述,探讨意义的不同符号表达形式,选择符合目标符号系统规律的方式。如例2.13。

例2.13

交朋友,各有目的:或为友谊,志同道合;或为资源,利益互换;或为欢乐,相互陪伴——都能好得如兄弟一般。

例2.13句子的主谓谓语句"交朋友各有目的"反映了典型的汉语表达方式:对于所有人都适用的道理,可以直接表达本质关系,省略客观道理与主体(人)的关系。这种极简的表达方式没法移植到英语之中。如果机械复制其字面意义译成英语"Making friends has different purposes",不但句子存在语法错误,而且会让英文读者误以为"交朋友这件事有自主的目的",而非"人在交朋友这件事情上有各种目的"。翻译中可以根据深层意义,对"交朋友各有目的"进行复述:(1)人们为了各种目的交朋友;(2)人们在交朋友时怀有各种目的;(3)交朋友的人各种各样;(4)人们交各种各样的朋友;(5)朋友有很多种;……

我们可以根据语篇内部互文关系选择一种既准确表达原文词语深层语义，又符合英语语法及语用常规的表达方式。句子中的"或为……或为……或为……"是表达三种可能的情况，与其相近的表达方式是"有的……有的……有的……"。从"有的……有的……有的……"与"交朋友各有目的"的上下连贯来看，可以采用"朋友有很多种：有的……有的……有的……"的表达形式。另外"好得如兄弟一般"是中国文化结义兄弟观念的表达，此中的"兄弟"指与结义兄弟有别的亲兄弟，"好"则表示"关系亲密"。句子可以试译如下。

译文

There are different friends. Some are for friendship, sharing your ambitions and goals; some for practicality, taking advantages of you wherever possible; and still some for entertainment, accompanying you in dining and wining. All of them seem intimate with you as if they are your own brothers.

结　语

语篇意义包括字里行间隐含的意义，翻译可以结合语篇的上下文语境、情景语境和文化语境，解读这些意义并加以传译。谋篇机制影响语篇连贯，语篇连贯折射交际意图，这种交际意图为把握和翻译单个词句提供上下文语境。译者可以从语篇衔接关系网络和主位推进链、所采用的特定衔接机制或主位推进模式，以及语境隐性衔接三个方面，梳理语篇的谋篇机制和语篇连贯特征，揭示语篇连贯隐含的意义。情景语境为推断源语篇语用意图提供线索。翻译中可以梳理语篇内容折射的情景语境，分析语篇作者与意向读者之间的情景语境,窥探语篇言语行为的潜在意义。文化语境涉及符号体系,符号在本语篇和其他语篇的使用构成互文性,解析互文性可以把握词语的内涵并加以语言表达。通过上下文语境、情景语境和文化语境的三维度分析,推断字里行间隐含的意义,并使之在目标语言中得以充分传递,这是语篇翻译的另一个重要环节。

第 3 章

句法功能与语际转换

在哈蒂姆和梅森看来,翻译对等建立在语篇层次而非词句层次上,因此他们对于微观的翻译语际转换未作过多讨论,仅表示"可以从对比语篇学研究成果中寻找启示。"[1] 与他们的思想相似,国内外不少学者强调语篇在准确分析和传达意义方面的重要性,主张以语篇为翻译单位;同时也有很多学者指出语篇为翻译单位导致转换操作的困难,主张另找翻译单位。[2] 撇开翻译单位问题的争议,我们

---

1 HATIM B, MASON I. Discourse and the translator[M]. Shanghai: Shanghai Foreign Language Education Press, 2001: 180.
2 支持态度的代表性主张如"翻译的基本单位不是单个的词或句子,而是语篇"(伯格兰德);"以语篇为翻译基本单位有利于做到忠实和通顺"(司显柱);反对态度的代表性主张如"将语篇视为翻译单位忽略了'单位'中包含的'最小语言片段'的意思"(纽马克);"强调翻译的基本单位是语篇,而对此不加任何限制和修饰,往往会给进行'完全翻译'的人,尤其是给翻译教学带来困惑,使译者面对具体翻译任务不知从何下手";申连云认为,语篇作为翻译单位"只局限于语篇整体移植的情况"(谭载喜)。参见:DE BEAUGRANDE R. Factors in a theory of poetic translating[M]. Assen: Van Gorcum, 1978: 13; NEWMARK P. A textbook for translation[M]. Shanghai: Shanghai Foreign Language Education Press, 2001: 54; 司显柱. 论语篇为翻译的基本单位[J]. 中国翻译, 1999, 23 (2): 14-17; 谭载喜. 翻译学:作为独立学科的求索与发展[M]. 上海:复旦大学出版社, 2017: 248。

可以发现，语篇翻译的分析和转换确实是思维特征和操作方法差异很大的两个阶段，不宜放在同一个层级探讨。[1] 为解决这一问题，部分学者提出将分析和转换分开考虑的主张。罗选民认为，可以将话语层翻译单位分为分析单位和转换单位，语篇是翻译分析单位，小句是话语层翻译的基本转换单位。[2] 李运兴认为翻译工作包括决策和操作两种类型，翻译的决策层级是篇章、次篇章及句群等层级，翻译的操作层级是句、小句、词组和词四个层次。[3] 黄忠廉认为，在全译中，原语理解、语际转换和译语表达等不同环节可以运用不同的单位，"单位越小，语际转换越方便；单位越大，语际转换越困难"。[4]

尽管三位学者的主张不尽相同，但都将小句作为翻译实践操作和理论归纳的重要对象。黄忠廉明确指出，小句在全译中具有中枢地位："小句能左顾右盼，承前启后。从小句构件看，小句翻译与词和短语的翻译有关；从小句扩展看，小句翻译与复句和句群的翻译相关，再大的语篇也由小句构成。"[5] 笔者认同这一判断，尝试以小句为中枢，尝试从小句、小句之上（小句复合体/复句）和小句之下（主谓语）三个层级，对英汉语篇翻译转换展开探讨。

---

[1] 关于翻译理解（分析）和表达（转换）阶段的特征,参见纽马克、基拉里和德拉格斯特等学者的论述：NEWMARK P. A textbook for translation[M]. Shanghai: Shanghai Foreign Language Education Press, 2001: 54; KIRALY D. Pathways to translation: pedagogy and process[M]. Kent: Kent State University Press, 1995: 87; DRAGSTED B. Segmentation in translation and translation memory systems: an empirical investigation of cognitive segmentation and effects of integrating a TM system into the translation process[M]. Copenhagen: Samfundslit Teratur, 2004: 189-193.
[2] 罗选民.论翻译的转换单位[J].外语教学与研究,1992（4）:32.
[3] 李运兴.语篇翻译引论[M].北京:中国对外翻译出版公司,2001:41.
[4] 黄忠廉.小句中枢全译说[M].武汉:华中师范大学出版社,2008:13-14.
[5] 黄忠廉.小句中枢全译说[M].武汉:华中师范大学出版社,2008:14.

小句层级

按照韩礼德的看法,"小句(clause)是同时发生的三个语义过程的产物,它同时表征着经验、人际交流和信息。"[1] 英语小句的表现形式包括三类:限定式小句(finite clause)、非限定式小句(infinite clause)和无动词小句(verbless clause)。[2] 汉语语言学界对于什么是小句有着宽狭范围不同的观点。吕叔湘先生认为,"小句包不包括有些书上叫子句,有些书上叫做主谓短语的那种组合。这两种办法各有利弊,何去何从是一个值得考虑的问题。权衡得失,似乎还是叫做主谓短语从而排除在小句之外为好"。[3] 邢福义先生认为小句是"最小的能够独立表述一个意思的语法单位",他明确小句主要指单句,也包括结构上相当于或大体相当于单句的分句,但明确排除充当句子成分的主谓短语。[4] 储泽祥则持广义的观点,认为小句是"小于句子但大于短语、词或语素的基本的动态语法单位"。[5] 他将小句的范围放宽为包括分句、单句以及居于宾语、补语、主语或谓语位置上的可以独立成句的主谓结构体、紧缩句。前两者是典型的小句,后两者是非典型的小句。王勇和周迎芳认为,汉语小句有可辨识的结构,即"话题—述题"(主语—谓语),吕先生所言主谓短

---

1 转引自:周志培.汉英对比与翻译中的转换[M].上海:华东理工大学出版社,2003:199. 不过,韩礼德曾指出虽然"小句"这个词耳熟能详,但是小句形态并没有明确的界定,"仍然是理论性的词语"。在第三版的《功能语法导论》中,他对此略有修改:"小句作为信息、小句作为交换、小句作为表征,这三个头衔指的是三种明显不同性质的意义内嵌于小句的结构之中。"参见:HALLIDAY M A K. An introduction to functional grammar[M]. Beijing: Foreign Language Teaching and Research Press, 2000: 23; HALLIDAY M A K. An introduction to functional grammar [M]. 3rd Edition. Beijing: Foreign Language Teaching and Research Press, 2008: 61.
2 罗选民.论翻译的转换单位[J].外语教学与研究,1992(4):33.
3 吕叔湘.汉语语法分析问题[M].北京:商务印书馆,1979:23.
4 邢福义.小句中枢说[J].中国语文,1995(6):420-428.
5 储泽祥.小句是汉语语法基本的动态单位[J].汉语学报,2004(2):48-55.

语属于小句。[1] 罗选民从翻译的角度出发，采纳了广义的观点，认为"汉语的句子结构松散，没有繁复的语法标记，我们所说的小句指前后都有停顿并有句调表示的语言形式，它一般是一个主谓结构，也可以是一个动词或者动词短语，甚至是一个名词或名词短语。我们平时说的分句、子句、零句，都是小句"。[2]

广义的观点将英语和汉语传统语法视为"非小句"的语法成分纳入小句范畴，较为全面地解释了英汉翻译转换的现象。但是，在翻译实践中，有一些在功能语法看来也属于"非小句"的成分，也可能在翻译中转换成小句，例如英语的名词词组（nominal group）。[3] 例 3.2 是带后置定语（介词短语）的名词词组翻译成小句的例子。

例 3.2

In the doorway lay at least twelve umbrellas of all sizes and colours.
译文
门口放着一堆雨伞，少说也有十二把，五颜六色，大小不一。（连淑能译）[4]

例 3.2 译文中有四个主谓短语，其表达的意义分别来自"in the doorway lay umbrellas""at least twelve""of all sizes""of all colours"四个部分。除了第一部分是英语的小句结构，其余都来自名词词组中

---

[1] 王勇,周迎芳.基于功能语法的小句本位观[J].外国语,2020（4）:34-42.
[2] 罗选民.论翻译的转换单位[J].外语教学与研究,1992（4）:33.
[3] 根据韩礼德的看法，"短语与词组不同。词组是词的扩展，而短语则是小句的浓缩"，词组与小句之间是存在差别的。名词词组可能搭配介词短语做后置定语，但作为限定语的介词短语并不属于叶斯泊森提出的"句核"，层级与小句中的短语不同。这类词组的中心词可能是普通名词，并非动词派生的动作名词，也不能看作"无动词小句"。参见：HALLIDAY M A K. An introduction to functional grammar: 3rd Edition[M]. Beijing: Foreign Language Teaching and Research Press, 2008: 309; 罗选民, 等. 话语分析的英汉语比较研究[M].长沙:湖南人民出版社,2001:66.
[4] 连淑能.英汉对比研究:增订本[M].北京:高等教育出版社,2010:97.

对 umbrellas 进行修饰的部分，不属前述界定的小句。此外，前置定语（单词）和中心词构成的名词词组也可译为小句，如例 3.1。

例 3.1

Xiaomei's kindly and gentle nature could not but revolt at her friend's callous behavior.

译文

小梅心地善良，性情温和，对她朋友没有心肝的行为实在看不顺眼。（周志培译）[1]

不难看出，仅从小句单位本身未能全面解释这种转换的机制，还需要从更细小的颗粒来进行描述。我们认为，可以将小句分解为信息单元，从信息的解码、转换和重新体现来观察小句层级的翻译转换。[2]

信息单元的构成

小句是翻译转换的基本单位。大多数句子解析至小句层级，即

---

[1] 周志培.汉英对比与翻译中的转换[M].上海:华东理工大学出版社,2003:187.
[2] 关于翻译转换描述的"简单""直观"特征，不少学者做过论述。纽马克认为，"单位包含的'最小语言片段'的意思"，翻译单位"能多小就多小，要多大就多大"；谭业升认为，"单位在某种程度上暗示着一一对应的关系"；黄忠廉也认为，"单位越小，语际转换越方便；单位越大，语际转换越困难"。参见:NEWMARK P. A textbook for translation [M]. Shanghai: Shanghai Foreign Language Education Press,2001:5;谭业升.认知翻译学探索:创造性翻译的认知路径与认知制约[M].上海:上海外语教育出版社,2012:69;黄忠廉.小句中枢全译说[M].武汉:华中师范大学出版社,2008:14.对于翻译作为信息转换的关系，很多学者也做了论述。如王德春认为，"翻译就是转换承载信息的语言，把一种语言承载的信息用另种语言表达出来。"司显柱认为，"翻译从本质上就是按照社会认知需要、在双语符号之间传递信息的语言文化活动。"参见:王德春.语言学通论[M].北京:北京大学出版社,2006:487;司显柱.功能语言学与翻译研究——翻译质量评估模式建构[M].北京:北京大学出版社,2007:2.其余学者论述参见廖七一.翻译与信息理论[J].四川外语学院学报,1997（3）:82-86;张美芳.功能途径论翻译:以英汉翻译为例[M].北京:外文出版社,2015:149-159.

可方便地进行转换。但是，如果小句层级整体转换不能生成符合目标语表达习惯的译文（如例 3.2 译成"门口摆放着至少 12 把各种颜色各种规格的雨伞"），则可能需要对小句进行进一步的解析。从信息的角度来看，小句是一个信息团，该信息团又包含词组、短语等小信息团；这些小信息团还可以再分，直至解析至方便翻译转换的最小的信息成分。这种信息解析建立在一个前提之上：信息要素可以复制和分配，这种复制和分配并不会影响信息的性质和总量。如：naughty boys and girls 可以分解为 naughty—boys 和 naughty—girls，虽然 naughty 复制成了两个，但性质不变；而 his naughty son 也可以分解为 his—son 和 naughty—son，其中 son 分配到两组信息中，其信息量并没有变化。当然，这种解析不太适合解析复合词。如 Indian summer 不能等同于 Indian + summer。[1]

以例 3.2 译文为例，"at least twelve""all sizes" 和 "all colors" 三个词组都是修饰中心词 "umbrellas" 的。如果将 "umbrellas" 进行复制，并分配给这三个修饰语，可以得到三组信息："at least twelve umbrellas" "umbrellas of all sizes" 和 "umbrellas of all colors"。这三组信息又各自可以再分。这样我们得到许多对关系：

Umbrellas—at least twelve   twelve—at least

Umbrellas—all sizes   sizes—all

Umbrellas—all colors   colors—all

本书将这种包含一项基本关系对称为信息单元（informational

---

[1] 信息要素的复制和分配是信息单元解析的基础。只有直接相关的成分才能组成信息单元。像 umbrellas 与 at least 并不能组成信息单元，因为它们之间没有直接关系，at least 也修饰不了 umbrellas，所以不能将 umbrellas 复制分配给 at least。umbrellas 和 at least twelve 才能组成信息单元。at least 是借助修饰 twelve 才成为信息单元中的一个成分。概而言之，信息成分可以同级复制，但不能跨级复制。所以，例 3.1 中，umbrellas 可以同时分配给 twelve、sizes 和 colors，但不能同时分配给 twelve 和 at least 或者 colors 和 all。

constituent）。[1] 它包含描述事物的两个基本要素：对象（object）—描述（description）。

"对象"和"描述"类似于"话题—评论"，但不是固定的语法结构，它可以是小句、主谓短语，也可以是短语、词组或者其他结构。"对象"和"描述"是相对的、动态的关系，此信息单元的"描述"可能是彼信息单元的"对象"，反之亦然。

信息单元的再现

在小句层级的翻译转换中，信息单元的译文再现比较自由。从语法形式上看，它们可以再现为词组性结构，也可以再现小句或话题—评论结构；信息单元内部关系可以用语法方式显性再现，也可以通过结构关系隐性再现；源语篇小句中信息单元，可以聚集再现，也可分开独立再现。

信息单元可以再现为词组或短语结构，也可再现为小句或话题—评论结构。在前一种方式中，信息单元两个部分之间呈现向心关系，描述部位类似于修饰对象部分的定语；在后一种方式中，信息单元两个部分为小句或无动词小句。上文所说"Xiaomei's gentle nature"属于词组性体现，而"The nature is related to Xiaomei"和"The nature is gentle（one）"则属于小句性体现。信息单元在这两种体现方式中可以转换。信息单元可以根据不同语言的习惯和句式要求，灵活选用再现方式。例3.3是一些短语案例。

例3.3

Gentle nature：性情温和

---

[1] 该设想受以下学者研究的启发：刘士聪, 余东. 试论以主/述位作翻译单位[J]. 外国语, 2000（3）:61-66; 翁义明, 王金平. 从英汉句法对比论汉译英的翻译单位[J]. 外语研究, 2005（6）:58;颜林海. 翻译认知心理学[M]. 北京:科学出版社, 2007:194.

　　　　（比较：温和的性情）

　What he did：他所做的事/他所作所为

　　　　（比较：他做了什么）

　地大物博：vast territory and rich resources

　　　　（比较：territory is vast and resources are rich）

从小句解析出的信息单元，仍按照原有形式进行再现，属于聚集再现；各信息单元分开再现，属于分立再现。词组内的信息单元可以在小句范围内分立再现，小句的信息单元可以在句子范围内分立成其他小句或词组只要信息仍在同一个小句或句子范围内，分立再现一般不会影响信息的性质和信息。在多个小句分立再现的信息单元，也可能聚合再现为小句中的词组。

例3.4

A movie of me leaving that foxhole would look like a shell laving a rifle.

译文

我离开那个单人掩体速度之快，要是拍成电影的话，会像出膛的子弹一样。（张培基译）[1]

原文中"A movie of me leaving that foxhole"包含两个信息单元：

Movie — me leaving that foxhole

Me — leaving — that foxhole

在译成汉语的时候，译者将"movie —（of）me leaving that fox-

---

[1] 张培基,等.英汉翻译教程:修订本[M].上海:上海外语教育出版社,2009:110.

hole"这个信息单元进行了分立再现。其中"(of) me leaving that foxhole"在译文句首部分已经出现，所以省略；但为了表示两者的关系，采用了"要是"这样的字眼，表述了两者的相关关系。

信息单元再现之目的是为了组合为小句，并在小句基础上组成句子，如何再现也要考虑是否满足小句功能。小句同时具有经验、人际和谋篇三大元功能。因此，信息单元的再现也需要从经验功能、人际功能和谋篇功能三个方面进行考虑。

从经验功能上看，英汉语言有不同的表达形式，同样的概念可能用词组/短语体现，也可能用一个小句体现。即使体现方式相同（例如小句对小句），也可能体现为不同的过程。如例3.5的小句过程就包括扩大、缩小和改变三种情况。

例3.5
He is a good eater and a good sleeper.（关系过程）
译文
他能吃能睡。（物质过程）

例3.6
她头发很长。（关系/集约）
译文
She has long hair.（关系/属有）
Her hair is long.（关系/集约）
her long hair（词组，不涉及过程）

在例3.5中，英汉句子各属不同的过程类型，但译文仍是符合汉语习惯的精彩的译文。在例3.6中，两种译文都是可接受的。但英语读者可能更倾向接受第一种译文，因为前者在英语中更常见，出现的可能性也更高。

从人际功能来看，信息单元再现主要涉及语气问题。人际功能包括语气、情态和评价三大系统。评价系统主要表现在词语层级，情态意义主要体现在词语和词组/短语层级（如情态助动词或能愿动词、语气附加语和评价附加语），它们都是人际功能的非结构性体现，翻译中可以借由词语/词组完成，对信息单元重组影响不大。但是，语气系统在小句层级体现，信息单元如果分立再现为小句则需要考虑语气问题。

语气可分为陈述、疑问、祈使和感叹四种，体现着信息/货品和劳务的索求或供给。英语简单句中的信息单元通常分立为同一个句子中的小句，翻译中不必过分考虑语气问题。英语主从复合句信息单元如果分立再现为小句，可能出现两种情况：其一，再现为同一个句子里的小句，其处理跟简单句类似；其二，再现为没有相互依赖关系的两个句子中的小句，其处理通常是按照以源文主句语气为准，但不同语气类型有所区别。包含疑问语气的主从复句似乎不宜分立再现为没有相互依赖关系的不同小句，否则可能造成语气功能失效。如例3.7分立再现为同一个句子中的不同小句，没有语气问题；例3.8的主句和从属小句语气类型不同，信息单元分立两个独立的句子，从句的语气不再服从主句语气，译文与原文意思就存在偏差。

例 3.7

Can you answer a question which I want to ask you and which is puzzling me?

译文

我有一个问题弄不懂，想请教你，你能回答吗？（连淑能译）[1]

---

1 连淑能. 英汉对比研究: 增订本[M]. 北京: 高等教育出版社, 2010: 97.

例 3.8

Is he so amicable a man that all his students like him?

译文

他是不是个很随和、学生都很喜欢的人？

他是不是个很随和的人，学生都很喜欢他？

＊他是不是个很随和的人？学生都很喜欢他。

从谋篇功能看，信息单元再现主要涉及主位结构。信息单元可以再现为小句，也可以再现为小句的成分如词组或短语。在词组或短语不区分已知信息和新信息，信息单元出现在述位部分就属于新信息，出现在主位部分则属于已知信息，因此所有的信息单元都可以再现为词组或短语。由于小句是区分主位—述位和已知信息—新信息的，包含新信息的信息单元才能再现为小句。

例 3.9

He is a slender man of more than average height with gleaming eyes and a face so striking that it bordered on the beautiful.

解析出的信息单元有：

He — is — a man / Slender — man / Man — of — average height （再分：average — height） / Man — with — gleaming eyes （再分：gleaming — eyes） / Man — with — a face ＊ / Face—striking / Striking — so — that it bordered on the beautiful

原文中第一个信息单元是"He is a man"如果再现成小句"他是个男子"，可能出现语法正确但信息结构不合常理的情况：所有人都知道"他"表示男子,所以该小句没有包含新信息。因此信息单元"He is a man"必须与"slender man"聚合体现成一个描述性小句"他是个身材瘦长的男子",这样其述位部分才有新信息。全句可以译为:

译文:
他是个身材瘦长的男子,个子比一般人要高,双目炯炯有神,面貌很引人注意,称得上清秀。(庄绎传译)[1]

翻译中,因缺乏新信息而不好再现成主述位结构的信息单元,通常可以再现成词组等修饰性结构。

例 3.10
"We are a nation that must beg to stay alive", said a foreign economist.

这个句子至少有以下三种译法:

译文(a)
一位外国经济学家说道,"我们是一个不讨饭就活不下去的国家"。

译文(b)
一位外国经济学家说道,"我们是这样一个国家:它不讨饭就活不下去"。

---

[1] 庄绎传.英汉翻译简明教程[M].北京:外语教学与研究出版社,2002:1.用作案例时笔者略有改动。

译文（c）

一位外国经济学家说道，"我们这个国家不讨饭就活不下去"。（张培基译）1

前两种译文把"we are a nation"再现成了小句"我们是国家"，其中已经包含新信息；这样，留给"不讨饭就活不下去"的译法只有两个。一是处理成一个冗长的定语（译文 a）；二是独立成另一个小句（译文 b），两个小句之间语义关系比较别扭。相比之下，译文（c）将"we are a nation"处理成一个修饰性结构"我们这个国家"，既包含了原有的信息，又为从句的处理提供了方便。

信息单元的重组

经过再现后的信息单元，需要重新组合为小句、句子乃至更大语篇单位。信息单元的重组要考虑小句内部各信息单元的相互关系，小句作为句子成分应该承载的功能，以及小句与其他小句之间的关系。就英汉翻译而言，需要考虑：（1）汉语小句容量问题，即小句内通常能容纳多少信息单元；（2）汉语小句兼容性问题，即哪些信息单元可以共存于小句之内；（3）汉语小句之间语序安排问题。第三个问题涉及小句之上层级的转换，将在 3.2 节详细讨论。本节主要讨论前两个问题。

第一，容量问题。小句可容纳的信息理论上是无限的。但是，从认知心理学的观点来看，人在一定时间间隔内接受和处理信息的能力是有限度的。2 人们在进行交际的时候，并不是将信息整体全然转换，而是要"将连续的语流分割为类词组块（Word-like

---

1 张培基, 等. 英汉翻译教程: 修订本[M]. 上海: 上海外语教育出版社, 2009: 110.
2 颜林海. 翻译认知心理学[M]. 北京: 科学出版社, 2007: 60.

Chunk)，并能在言语传达的过程中迅速把握句子的主构，从而组织最大的构件"。[1] 汉语单个小句能够容纳的信息一般不应超过认知限度，通常为一到三个，多则四五个，如果再多则需加以斟酌。

例 3.11

The new teacher is a big-nosed foreigner with blue eyes, red hair and a face full of whiskers.

译文（a）

新来的老师是个大鼻子、蓝眼睛、红头发、满脸大胡子的老外。

译文（b）

新来的老师是个大鼻子老外，蓝眼睛，红头发，满脸大胡子。

在汉语中，多个信息单元聚合在一起的表达方式如"大鼻子、蓝眼睛、红头发、满脸大胡子的老外"，使用频率不高。汉语通常将部分信息分立，再现为分立的小句，并以移动视点（老外）进行统合。很多情况下，汉语的小句采用的是一事一述的方式，即每个小句包含一个信息单元。翻译中一般也遵循这一信息容量的规律。

第二，兼容性问题。所谓兼容性指英语小句的信息单元在汉语中能否聚集再现。由于英汉语言形态差异以及文化思维模式差异，英语可以聚集体现的某些信息单元，汉语不能聚集体现，否则会造成理解困难或信息失真。不能与其他信息兼容的信息单元应该分立体现为单独的小句。如例 3.12。

例 3.12

American prisoners are permitted to receive Red Cross Food parcels

---

[1] 申小龙.汉语语法学：一种文化的结构分析[M].南京：江苏教育出版社,2001:164.

and write censored letters.

译文

美国战俘可以接受红十字会的食品包裹，也可以写信，但信要经过检查。（刘士聪、余东译）1

例3.10 英文句子中"write letter"和"censored letter"可以聚集在一处，但如果在汉语中将两者都聚集在一个小句中，就会出现"也可以写经过检查的信"。按照中国人的思维，应该是先写信，后检查，人们很难"写出经过检查的信"。这样就造成理解的困难。所以译者将该信息单元分立再现于两个小句。

小句之上层级

虽然小句是居于中枢地位的语法实体，但它们在书写系统仍以句子形式（作为单句或者构成复句）出现。实证研究也表明，译者倾向在句子这种具有明显书写形式标记的实体层级进行翻译转换。2

关于"小句"组成的更大的单位，英汉语言学家们各有论述。韩礼德将小句以上的语法单位称为小句复合体（Clause Complex），同时也指出小句复合体在书写系统中是通过"句子这种书面语言单位"来体现的，"在分析书面语篇时，每一个句子可以看作一个小句复合体，毕竟'简单句'（只有一个小句）的情况比较有限"。3 汉语学者邢福义所言"小句"主要指单句，也包括结构上相当于或大体相当于单句的分句。在前一种情况，小句是独立的句子；在后一

---

1 刘士聪,余东.试论以主/述位作翻译单位[J].外国语,2000（3）:63.
2 KIRALY D. Pathways to translation: pedagogy and process[M]. Kent: Kent State University Press, 1995: 87.
3 HALLIDAY M A K. An introduction to functional grammar: 3rd Edition[M]. Beijing: Foreign Language Teaching and Research Press, 2008: 371.

种情况，小句作为基础联结成复句，再通过复句/单句之间的各种组合联结成句群和更大的句群。[1] 为了表达简练，除引用学者论述之外，本书一般将"小句复合体"和"复句"统称为"句子"。

汉语单句或者英语简单句的翻译方面涉及因素较少，学界已有充分深入的分析。多个小句组成的句子（复句/小句复合体）的翻译，则涉及小句之间的排列组合，需要考虑以下问题：源语篇中的小句组织结构（书写形式）是否可以移植到目标语篇中？这个问题的判断依据是什么？在哪些情况下源语篇的句子可以沿用至目标语篇中？如果不能，源语篇中的句子应该如何切分？它们在目标语篇中依据何种语言规律进行重新组织？除了语言规律之外，是否还有对读者信息加工认知能力的考虑？它们的翻译不仅要考虑小句内部的语际转换问题，还需要考虑目标语在句子（小句以上）层级的语法常规，以及目标读者在该层级的一般阅读习惯。简而言之，句子（小句之上）的语际转换需要考虑三个问题：（1）小句间关系；（2）小句间语序；（3）小句的组合边界。

小句间关系

韩礼德认为，英语小句复合体的小句关系可以从两个方面进行描写。一个方面是小句之间的相互依赖关系（interdependency）类型，它确定两个小句之间属于并列关系（parataxis）还是属于主从关系（hypotaxis）。并列关系表示直接引述、连接、同位以及重复等语义；主从关系表示条件、修饰、时间、地点、因果等语义。另一个方面是逻辑语义关系（logical-semantic relationship），它确定小句之间是扩展（expansion）还是投射（projection）。扩展有三种方式：解释（elaboration）、延伸（extension）和增强（enhancement），另外还

---

[1] 邢福义.小句中枢说[J].中国语文,1995（6）:421.

有包孕（embedding）小句和行为（act）小句的情况；投射分报道（report）、思想（idea）和事实（fact）三种。[1] 基于这些不同的相互关系和逻辑—语义关系，由两个小句构成小句复合体大致可以构成十种基本的关系类型，即并列解释、主从解释、并列延伸、主从延伸、并列增强、主从增强、并列报道投射、主从报道投射、并列思想投射和主从思想投射。[2] 值得留意的是，这里的小句不仅包括传统意义上的具有完整主谓结构的限定或非限定小句，也包括无动词小句和具有小句功能的短语。

在汉语方面，邢福义认为，汉语复句的构成基础是小句，但是复句里的小句是相对独立又相互依存的分句。[3] 汉语的复句可以由单句直接组合而成，也可以借助虚词组合而成。根据语义关系，汉语复句可以主要分为广义因果、广义并列和广义转折三大类，再细分为因果复句、假设复句、条件复句、并列复句、连贯复句、递进复句、选择复句、转折复句、无条件复句、反递复句和让步复句等基本类型。[4] 这里的汉语复句不作并列和偏正的区分，大致对应英语并列关系的各类复句以及大部分扩展类主从关系的复句，不对应英语的投射类主从复句（名词性从句）和包孕类扩展的主从复句（限制性定语从句）。[5]

英语的并列关系复句与类似功能的汉语复句在结构上比较相似，

---

1 HALLIDAY M A K. An introduction to functional grammar: 3rd Edition[M]. Beijing: Foreign Language Teaching and Research Press, 2008: 373-481.
2 相关归纳亦参见: 王全智. 小句复合体与复句的比对研究[J]. 外语与外语教学, 2008 (11): 9-12.
3 邢福义. 汉语复句研究[M]. 北京: 商务印书馆, 2001: 5.
4 邢福义. 汉语复句研究[M]. 北京: 商务印书馆, 2001: 57-498.
5 学术界对汉语复句的具体划分存在一定的观点分歧。一些以主谓结构为成分的句子原先被看作包孕复句，后来被归为简单句。有学者认为，原因在于西方语言学中的复杂句（complex sentence）中，只有含状语从句的句子约略相当于中国语言学的偏正复句，含定语从句和补足语从句（名词从句）的句子在国内都被看作单句。参见: 刘丹青. 语法调查研究手册[M]. 上海: 上海教育出版社, 2017: 126; 全立波. 现代汉语复句研究述评[J]. 株洲师范高等专科学校学报, 2004, 9 (6): 116.

它们的小句内语法结构相对完整，小句间联系相对独立，彼此可以相对自由地排序及组合。英语主从复句的翻译考虑因素较多，其中很重要的是小句之间的逻辑—语义关系。

英语投射类主从复句大致相当于形式语法中的名词从句，这类复句在汉语中没有类似的句子层级实体。投射内容篇幅较短的情况下，汉语的投射内容可能作为一个主谓短语包孕在单句之内，如"大娘知道小刚出事了"。如果投射成分较长，在表示投射的结构和投射内容之间可用标点分割，投射内容本身也分成短语。例如，"听人家背地里谈论，孔乙己原来也读过书，但终于没有进学，又不会营生；于是愈过愈穷，弄到将要讨饭了。"[1]

一般而言，投射类主从复句可以翻译成简单句或者相应类型复句。因为投射内容在汉语中处于单句或复句的后半部分，一般不需要调整语序，篇幅长短也不受限制，不需要特殊处理。如例3.13和例3.14。

例3.13

What is harder to establish is whether the productivity revolution that businessmen assume they are presiding over is for real.

译文

难以确定的是，商界人士认为他们所主导的生产力革命是否真的存在。[2]

例3.14

Just as Darwin discovered the law of development or organic nature, so Marx discovered the law of development of human history: the simple

---

1 LUXUN. Kong I-Chi[M]//中华翻译代表性文库：杨宪益、戴乃迭卷. 杭州：浙江大学出版社，2020：340-344.
2 沪江英语学习网（https://www.hjenglish.com/new/p782972/），2020年4月30日。

fact, hitherto concealed by an overgrowth of ideology, that mankind must first of all eat, drink, have shelter and clothing, before it can pursue politics, science, art, religion, etc.

译文

正像达尔文发现有机界的发展规律一样，马克思发现了人类历史的发展规律，即历来为繁茂芜杂的意识形态所掩盖着的一个简单事实：人们首先必须吃、喝、住、穿，然后才能从事政治、科学、艺术、宗教等；所以，直接的物质的生活资料的生产。[1]

如果投射内容需要放置于句子前半部分（如充当汉语句子的主语），受汉语小句或者类似结构长度的限制，过长的投射内容就难以容纳于一个小句之中。[2] 这种情况可以采用"外位成分"解决。[3] 所谓"外位成分"是说指称相同事物的两个词或短语被拆开分置两处，其中一个用作句子［单句］成分，另一个则置于前述句子［单句］之前。居于句子［单句］结构之外的成分称为外位语，句子［单句］结构之内的成分叫本位语，本位语通常是一个代词。[4] 例如，"夺取全国胜利，这只是万里长征走完了第一步。"在这个句子中，"夺取全国胜利"是外位语，"这"是本位语。在英汉翻译中，可以将投射内容译成外位语，再用一个代词作为本位语放置在后续的小

---

1 恩格斯.卡尔·马克思的葬仪[M]//马克思恩格斯全集. 中共中央马恩列斯著作编译局,译. 马克思恩格斯全集:第19卷.北京:人民出版社,1963:374.
2 汉语"以中短句居多,最佳词组或句子的长度一般为4至12字。书面语虽也用长句,字数较多,结构较复杂,但常用标点或虚词把句子切开,与英语相比,还属短句""汉语定语修饰语一般前置,一个单词所能承受的修饰词语是有限的……一个单词若有两个以上稍长的修饰语,就显得'负荷过重'了"。参见:连淑能.英汉对比研究:增订本[M].北京:高等教育出版社,2010:93.
3 关于"外位成分"这种语法成分,语言学家的描述不完全相同。胡裕树称之为"提示成分",张志公认为是"称代的复说",王力称相关结构为"复指"。相关介绍参见辛红娟和汪壁辉的论文:辛红娟,汪壁辉.汉语外位语结构及其翻译[J].长沙铁道学院学报（社会科学版）,2003,4（4）:28-31/28.
4 吕叔湘.吕叔湘全集:第四卷[M].沈阳:辽宁教育出版社,2002:22.

句中，如例 3.15 和例 3.16。

例 3.15

The death of half a million women a year in pregnancy and childbirth is described in this report as one of the least-protested scandals of the late 20th century.

译文

每年有五十万妇女死于怀孕和分娩，报告将此描述为二十世纪末最无可争辩的令人惭愧之事之一。（申雨平、戴宁译）[1]

例 3.16

Your allegation suggests nothing but your imagination which is groundless that the damage of the goods would have been attributed to improper packaging methods.

译文

贵方宣称货物损坏完全是由于包装方法不当所致，这纯粹是贵方臆想，并无事实依据。（李明译）[2]

与投射内容类似的汉语句子译成英语时，除了考虑译文小句之间的逻辑—语义关系外，还要考虑小句之间的相互依赖关系，将原文句子需要突出的小句译成英语句子的主要部分，如例 3.17。

例 3.17

听人家背地里谈论，孔乙己原来也读过书，但终于没有进学，

---

[1] 申雨平，戴宁.实用英汉翻译教程[M].北京:外语教学与研究出版社,2000:16-18. 笔者对译文有改动。
[2] 李明.商务英语翻译:修订版[M].北京:高等教育出版社,2011:192.

又不会营生；于是愈过愈穷，弄到将要讨饭了。

译文

From gossip I heard, Kung I-chi had studied the classics but had never passed the official examination. With no way of making a living, he grew poorer and poorer, until he was practically reduced to beggary.（杨宪益、戴乃迭译）[1]

例 3.17 是调整小句依赖关系的优秀翻译案例。杨戴两位先生没有将投射结构（"听人家背地里谈论"）译成"I have heard the gossip that..."，而是将这一投射结构调整为状语，让其所投射的内容变更为英文句子的主干，既延续了原文句子要突出的主题，还为小句重组（断句）留出空间，保证译文阅读流畅性，可谓绝妙的翻译。

例 3.18

他们发现无论是潺潺小溪，还是浩荡大河，都一去不复返，流逝之际青年变成了老翁而绿草转眼就枯黄，很自然有错阴的紧迫感。

例 3.18 中，"无论……枯黄"是"他们发现"的投射内容，按常理可以翻译成名词性主从复句"They found that..."。然而，"无论……枯黄"不仅篇幅较长，而且有主题的变更。译成并列结构放置在一个宾语从句之内，则结构复杂，不易处理；译成两个并列的名词性从句，则断开了"一去不复返"与"流逝之际"两个部分之间的并列关系。如果将后半部分独立成一个单句，容易让译文读者误以为"流逝之际"部分不归"他们发现"管领；加上"they found

---

[1] LUXUN. Kong I-Chi[M]//中华翻译代表性文库：杨宪益、戴乃迭卷. 杭州：浙江大学出版社, 2020: 340-344.

that"作为主语,则又与前面的部分重复,有违英语避免非必要重复的习惯。翻译成名词性主从复句则限制了译文的调整空间。相反,如果将"他们发现"译成插入语,放置于句子的从属位置,则为"无论……枯黄"的语法结构调整以及语义增益提供了空间。

译文

Water flow, they found, whether in a little stream or in a mighty river, goes away and never returns. Likewise, in the passing of time young people grow old and green grasses turn yellow. Such an experience naturally arouses their fear for wasting time.

此外,由于英语小句的语法形式多样,还应考虑采用适当的形式,尽量使译文复句做到结构平衡,将结构层级控制在一定限度内,避免增加译文的阅读难度,如例 3.19。

例 3.19

中国坚定不移地走和平发展的道路,这是基于本国国情的必然选择。

译文(a)

China firmly follows the route of peaceful development, which is an inevitable choice based on its national situations.

译文(b)

That China firmly follow the route of peaceful development is an inevitable choice based on its national situations.

译文(c)

China's firm pursuit of peaceful development is an inevitable choice based on its national situations.

在汉语句子中,"基于本国国情的必然选择"作为谓语部分对"中国坚定不移地走和平发展的道路"作出了评价和判断,是整个句子需要突出的部分。比较三种译文,可以发现译文(c)相对较为理想。首先,从相互依赖关系来看,译文(a)将原句后半部分译成非限制性定语从句,意味着它位于从属层级,重要性不足,译文(b)和(c)避免了这方面的问题。其次,从逻辑—语义关系来看,译文(a)中"which"小句与前面的小句属于解释—扩展关系,后半部分只有一个附带解释功能,与原文句子后半部分所起的评价和判断的主旨不符。在英语中,表示投射的内容一般放在表示投射的先行词之后。类似于译文(b)的常见译法之一是"It's an inevitable choice based on its national situations that China firmly follow the route of peaceful development"。但这种译法中,"that"引领的小句与先行词"choice"相隔甚远,连贯性上有所欠缺。如果将"that"引领的小句置于句首,则成为一个包孕的小句。英语中以"what""where"等疑问词引领的名词性小句做包孕小句的居多,以"that"引领的名词性小句的较少。因此,采用译文(b)的译法也不是很理想。译文(c)将"走……道路"转译成名词,采用无动词小句形式翻译前一部分,并将其作为整个句子的主语部分,而"基于本国国情的必然选择"继续作为谓语部分,基本再现了原文句子的逻辑语义关系,较好地解决了这一问题。

英语增强类扩展复句大致等同于形式语法的副词性从句。[1] 这类复句可以根据小句间的逻辑—语义关系翻译成相应的汉语复句,不必关注原文小句之间的相互依赖关系,只是译文的小句间顺序需要按照汉语句子语序规律进行安排。汉语复句翻译成英语增强类扩展复句的,不仅需要考虑小句之间的逻辑—语义关系,还需要考虑如

---

1 HALLIDAY M A K. An introduction to functional grammar[M]. 3rd Edition. Beijing: Foreign Language Teaching and Research Press, 2008: 416.

何安排小句之间的相互依赖关系,以及小句语义可以采用哪些英语小句类型进行表示。

在功能语法中,"解释性扩展复句"类似于形式语法中的非限制性定语从句。[1] 对于这类复句中从属小句承载着"解释"和"延伸"性扩展语义,汉语中往往可用因果、递进、并列等复句表示,如例3.20和例3.21。

例 3.20

The cook turned pale, and asked the housemaid to shut the door, who asked Brittle, who asked the tinker, who pretended not to hear.

在这个英语复句中,三个"who"引导的小句旨在对其前面的小句所描述的过程继续进行描述,在汉语中可以处理成并列复句。

译文

厨子脸色变得苍白,就叫女仆去关上门,女佣就叫布里特尔去,布里特尔又叫补锅匠去,但补锅匠则假装没听见。(张培基等译)[2]

例 3.21

"He is as beautiful as a weathercock", remarked one of the town councilors who wished to gain a reputation for having artistic taste; "only not quite so useful", he added, lest people should think him unpractical, which he really was not. [3]

---

[1] HALLIDAY M A K. An introduction to functional grammar[M]. 3rd Edition. Beijing: Foreign Language Teaching and Research Press, 2008: 400.
[2] 张培基,等.英汉翻译教程:修订本[M].上海:上海外语教育出版社,2009: 134.
[3] 英国作家王尔德(O. Wilde)的童话《快乐王子》。文献来源:王尔德在线网站(Wilde-on-line),https://www.wilde-online.info/the-happy-prince.html, 2019年11月2日。

例 3.21 中包含一个由"who"引导的小句,此小句表面上看是对前一个小句中 town councilor 的具体范围进行限定,属于语义增强,实质上是对"remark"动作的动机进行说明,属于语义解释。另一个由"which"引导的小句,则是对前一个小句中"him unpractical"的实际状态进行说明,属于语义延伸。在此考查基础上,可以用汉语因果复句和转折复句对英语复句进行翻译。

译文

"他(快乐王子)就像风向标一样漂亮",一位市议员说道,希望这样说大家能说他有艺术品位;"只是没风向标那么实用",他紧接着又补上一句,怕人们说他不讲实际,其实他还是很讲实惠的。

英语有一类包孕类扩展复句,即表示增强性语义的小句对上一层级小句中某个成分(单词或词组)进行修饰,因此属于该成分(单词或词组)的构成部分,被包孕在上一层级小句之中。被包孕的小句在形式语法中通常称为限制性定语从句,其语义增强功能非常强大,可以有效地缩小中心词指称范围(即所谓"限制性")。如何保持这种增强语义关系(或者说限制性),是翻译此类复句的一大关键。笔者以为,可以通过两种方式进行。其一,将被包孕小句(限制性成分)放置在中心词之前,保证译文读者阅读到中心词时,已经知悉与中心词相关的必要语义增强内容;其二,被包孕小句放置在中心词之后,但与中心词形成密不可分的主谓结构。这样,译文读者须阅读整个主谓结构,才能够知悉与中心词相关的必要语义增强内容。

汉语没有从句之说,主谓结构可以作为修饰名词的定语,构成单句的组成部分。如果英语中被包孕小句能翻译成修饰名词的定语并作为单句的一部分,应该是比较符合汉语语法习惯的理想情况。

例如"There is nothing in my family *that I am ashamed of*"可以译成"我家里可从没发生过见不得人的事"。不过，这样的翻译有一个潜在的前提，即被包孕小句的篇幅不长，转换成汉语之后不会影响汉语读者对中心词及其所在小句的理解。这是因为，汉语小句或标点符号隔开的语言片段字数有其限度，汉语小句中定语本身也不能过长。吕叔湘曾解释说："汉语里边定语只能放在前边，就不便很长。定语长了，听的人（或读的人）老在惦着那个被饰的名词，不知道你说的是什么人或什么东西，就要着急，也容易疲劳，搞得不好还会'迷路'。"[1] 然而，"英语的定语子句放在后头，说的是什么人或什么东西已经在前边交代了，听的人就不着急了，因此英语里的定语子句可以拉得很长"。[2] 因此，英语经常可见长篇幅的被包孕小句，这些句子往往不便译成前置定语。

此时，还可以采用另一种处理办法，即对复句进行分解，将被包孕小句译成独立的单句并置于先行词所在小句之前。这样虽然不如翻译成定语那么理想，但基本保留了英文被包孕小句的语义增强功能，也不违反汉语的语法习惯。例 3.22 的从属小句在翻译中就被独立前置。

例 3.22

If the man who was seen to take an umbrella from the City Church last Sunday evening does not want to get into trouble, he will return the umbrella to No. 10 Broad Street. He is well known.

译文

上星期日傍晚，有人曾见某君从市教堂取走雨伞一把。取伞者

---

[1] 吕叔湘. 中国人学英语[M]. 北京: 中国社会科学出版社, 2005: 170.
[2] 吕叔湘. 中国人学英语[M]. 北京: 中国社会科学出版社, 2005: 171.

如不想卷入纠纷,还是将伞还回布劳德街 10 号为妙。此君为谁,尽人皆知。(连淑能译)[1]

不过,分解译法的应用还需要考虑译文连贯的问题。如例 3.20 所示,这种译法不仅对原文复句进行了语法结构分解和语序调整,而且让复句的主述位结构发生了重大变化。主述位安排直接关系到句子内部的信息结构,从而影响到语篇的连贯性。能否重建复句内部小句之间、小句与上下文之间、小句与语境之间的连贯,是译者在翻译的语际转换中需要考虑的重要因素。在这个案例中,原文作为一则启事本身是完整的语篇,"If the man..."句子之前并无其他文字,因此译文不必考虑与上下文的连贯问题。再者,译文第一句句首是"上周日",从启事发布时间中可以推测其所指,因此能与语境相连贯,它作为句子主位也属于已知信息,符合句子信息结构的一般规则。译文第二句的主位是"取伞者",来自第一句的述位,两句构成主位推进。可见,这个译文有很好的连贯性。

但是,在有些情况下,即使采用分解译法,译文也不能再现原文句子的连贯,如例 3.23。

例 3.23

The seller must deliver goods which are of the quantity, quality and descriptions required by the contract and which are contained or placed in the manner required by the contract.

译文(a)

卖方必须交付与合同所规定的数量、质量和规格一致,并且按照合同所规定的方式装箱或包装的货物。

---

[1] 连淑能.英汉对比研究:增订本[M].北京:高等教育出版社,2010:97.

译文（b）

货物与合同所规定的数量、质量和规格一致，并且按照合同所规定的方式装箱或包装。卖方必须交付这样的货物。

在译文（a）中，由被包孕小句译成的前置定语不仅篇幅很长，而且中间还有进行分割的逗号，确实容易影响译文读者对中心词（"货物"）属性的理解，"让人迷路"。在此情况下，译者可能采取分解译法，形成译文（b）。译文（b）避免了译文（a）的"迷路"问题，但在连贯性上则出现明显不足。首先，原文句子是商务合同语篇中间的某个条款。商务合同语篇的篇首通常会对"seller"进行定义，因此"the seller"属于已知信息，原文句子以"the seller"为主位符合从已知信息趋向新信息的信息结构规律。被包孕小句以"which"即"goods"为主位，同样符合信息结构规律。应该说，原文句子内部小句之间以及句子与上下文都是连贯的。相比之下，译文（b）在小句之间和句子与上下文之间的连贯性都存在疑问。首先，"货物"不能确定是否为已知信息，至少没有"卖方"那么确定。以"货物"为第一个句子的主位，其与上下文和语境是否连贯，不得而知。其次，第二个句子以"卖方"为主位，然后趋向第一个句子已经描述过的"货物"，是由已知信息趋向已知信息。而且，第一个句子由"货物"而起，第二个句子到"货物"而终，两个句子似乎转了好大的一个圈。虽然国人的思维方式具有螺旋上升的特征，但译文（b）两个句子只"螺旋"不"上升"的表达方式仍然不那么符合汉语语篇组织规律。因此，译文（b）也有不可忽视的缺陷。在这种情况下，可以考虑第三种解决办法，即将原文占据主要位置的小句转换成汉语的偏正结构，被包孕小句与中心词之间的修饰关系转换成汉语的主谓结构，通过这种方式一定程度保持主从之间的语义增强关系。

译文（c）

卖方交付的货物必须与合同所规定的数量、质量和规格一致，并且按照合同所规定的方式装箱或包装。(张新红、李明译)[1]

这样的译法在保持语义关系方面不如前两种理想，但不失为一种补偿的手段。

被包孕小句如果处于多重复句中，其翻译还有一个层级管领问题。由于英语和汉语在复句组织规律上的不同，复句的翻译有时要调整各个小句之间的语序，语序变化可能造成小句之间的逻辑语义关系的变化。此时，需要准确判断处于从属地位的小句与复句中哪个层次的小句产生逻辑语义关系，在翻译转换中采取适当的补偿措施，从而在译文中准确再现原有的逻辑语义关系，不致产生误导。例3.24的复句翻译就是一例。

例3.24

The Prime Minister added, "we are now once again regarded by other states as a power whose judgement can be trusted and whose promises can be relied on."

如果只从关系从句的翻译层面看，原文似乎可以译为"首相说：'我们这个大国的判断是可以相信的，我们这个大国的诺言是可以信赖的；现在其他国家又把我们当作这样的大国了。'"不过，原文中在引号之外还有另一个小句"the Prime Minister added"。虽然传统语法较少将这种句子看作主从复句，但从功能语法来看，该小句与引号内的部分在相互关系上是从属关系，在逻辑—语义关系上是投射

---

[1] 张新红,李明.商务英语翻译:英译汉[M].北京:高等教育出版社,2003:97.

一报道关系，引号内部分都是动词"added"投射的内容，两者应该构成主从复句关系。这样，整个句子具有双重的从属关系。在原文中，"whose"引导的从句是对先行词"a power"的增强，"a power"则受其所在小句的动词短语"regarded as"管领，与上一个层级的小句"the Prime Minister added"并无直接的逻辑—语义关系，也不受该小句的动词"added"的管领。译文中将"我们这个大国"放在投射—报道（首相说）内容的句首，让"a power"与"added"产生了直接的逻辑—语义关系，可能让人感觉"我们这个大国"这个表述是首相的自吹自擂，这与原文中"regarded by other states as"是不一致的。因此，从投射—报道这层逻辑语义关系来看，前述译文可能不太合适。为了再现原文的这一层关系，可能要在保留限制性从句的限制性方面做出让步，在引号内复句的翻译上综合权衡。笔者尝试重复动词"regarded"，保证"whose"限制性从句始终处于"regarded by other states as"小句的层级之下，在语序上处于该小句之后，隔断"我们这个大国"与"首相说"之间的逻辑—语义关系。这样的翻译在一定程度上牺牲了限制性从句的限制性，但避免产生"首相认为如何如何"的误读，只能说是两害相权的结果。

译文

首相又补充了一句："现在其他国家又把我们当作大国了，认为我们这个大国的判断是可以相信的，我们这个大国的诺言是可以信赖的。"

小句间语序

小句之间语序涉及两方面因素。一方面是英汉两种语言对于小句间语序有无规则或者一定的规律，另一方面是语序安排是否有利于语篇的谋篇。

从语言的语序规律上看，英语属于综合—分析语言，有丰富形式标记表示语言成分之间关系，小句之间语序的灵活性较高。汉语属于分析语，严格说来没有形态变化，少用甚至不用形式手段，语序是句子组织的重要手段，因此小句语序需要遵循一定的语序规律。这些汉语语序规律包括时间先后、因果关系等逻辑律，以及心理重轻、陈述—表态等心理律。虽然现代汉语借鉴西方语言，已经在一定程度上欧化，但大部分的句子组织仍然是符合上述规律的。通过一定的连接词，句子中各小句的顺序可以与上述规律相反，但是据我们观察这种句子的逆序层次很少超过三个，所以在日常生活中出现的盖然率很低，如例 3.25 各句。

例 3.25

（a）我弟弟无缘无故挨打了，心里窝火。（概率大）

（b）我弟弟心里窝火，因为他无缘无故挨打了。（概率大）

（c）我弟弟无缘无故挨打了，心里窝火，想找回这口气。（概率大）

（d）我弟弟想找回一口气，因为他心里窝火，这又是因为他无缘无故挨打了。（概率小）

因此，小句的安排需要符合汉语的句子组织规律，这样构成的句子才是符合中国人语感和思维习惯的，才能较好地体现小句间的谋篇功能，如例 3.26。

例 3.26

We very much regret that the 100,000 tons of wheat under Contract No. AG-3 of August 1, scheduled to be delivered by the end of October, is up to this moment not dispatched, in spite ot the fact that you have guaranteed an early delivery in the Contract, which was actually signed on this understanding.

译文

八月一日第 AG-3 号合同项下的 10 万吨小麦，原定于十月底以前交货。你方在合同中保证及早交货，并且以此作为签订合同的条件。但是，这批小麦迄今尚未装运。对此，我们深表遗憾。（司显柱译）[1]

如果数个小句之间属于并列关系，不涉及汉语的这些组织规律，则需要考虑原文中这些信息单元在词组/短语层面的主述位关系。

从谋篇机制来看，语篇主要通过结构性（主/述位）和非结构性（衔接）两种机制实现谋篇。[2] 非结构性谋篇机制主要通过词语/词组/短语层面的指代、替代、省略、连接和词汇衔接来完成，在英汉翻译中对于句子结构影响不大。在结构性谋篇机制方面，主位推进方式会决定每个句子的主位的安排。主位通常是出现在句子的开头，因此主位的安排也就间接决定了每个句子开头部分的结构，这对于英汉翻译的影响就比较大了。

英语的主位包括"句子的主位"和"小句的主位"两个层次。保持原文的主位结构是表示与原文句子的主位保持一致关系，还是与句子中每个小句的主位保持一致关系？我们认为，英汉翻译中句子内部的结构变化较大，翻译中也常出现小句内成分分离成小句，或者原文跨小句成分组成一个小句的情况，所以要保持与原文每个小句的主位结构是比较难的。再者，句子内部除了主位关系外，还

---

[1] 司显柱. 功能语言学与翻译研究—翻译质量评估模式建构[M]. 北京：外语教学与研究出版社，2017：100.
[2] HALLIDAY M A K. An introduction to functional grammar: 3rd Edition[M]. Beijing: Foreign Language Teaching and Research Press, 2008: 29.

有结构关系，结构关系本身就是一种很强的衔接。[1] 所以英汉翻译中过分强调保持每一个小句/小句之间的主位对应关系也无必要。因此，我们认为，保持原文的主位结构应理解为保持各个句子的主位。

英语简单句的主位是句首部分，英语复合句的主位是句子中第一个小句[2]；汉语句子的主位是句子中的第一个小句。[3] 汉语小句顺序有自己的规律，与英文小句顺序也常常存在差别，所以保证译文每个句子都与原文句子主位一致也有困难。此外，英译汉中分句也是常见的情况。一旦出现分句，则新的句子主位出现，更增加了保持句子主位一致的难度，"尽量"表明这是译者追求的一种情况，不是翻译必须达到的强制标准。

作为信息单元重组在句子主位层面的最低标准，我们认为译文句子主位的安排必须保证其在段落中形成自己完整的主位进程结构，段落能够连贯。译者必须根据目的语语言文字的语法、词语资源和语篇的衔接性机制进行编码，构筑目的语语篇句与句、段与段之间的衔接性，在此基础上追求句子主位的大体一致。这里对"大体"解释如下：主位是句子（或小句）的语义起始点。英语中复合句主位是一个小句，小句又有自己的主位（简单句与小句相同），作为小句主位的词组/短语部分还可以有自己的主位结构，呈现出繁杂的形式。主位只是语义的起始点，主位的安排也是为了语篇能够形成有效连贯。有一定的信息能够使句子之间相互衔接，体现谋篇功能，可以保证目标语篇连贯。如果把译文句子主位包含原文主位的部分

---

1 HALLIDAY M A K, HASAN R. 英语的衔接[M]. 张德禄，等，译. 北京：外语教学与研究出版社，2007：5.
2 HALLIDAY M A K. An introduction to functional grammar: 3rd Edition[M]. Beijing: Foreign Language Teaching and Research Press, 2008: 72.
3 方琰认为，"无论英语还是汉语，处于句首的小句将成为主位，其余小句称为述位。"这里的小句说用在本书所称"小句"也是适用的。参见：方琰. 论汉语小句复合体的主位[J]. 外语研究，2001（3）：57.

信息单元的情况都视为保持句子主位一致,那么英汉翻译实践中的大部分句子都达到了这一标准。

  英语语篇为了保证连贯,一般会在句子层级形成环环相扣的主位推进链。处于句首位置的信息与前面的句子、更前面的句子或语境有语义联系。这一现象在一定程度上影响英语如何选择哪个小句放在句子前部。另一方面,英语有丰富的词汇形态变化、大量虚词和丰富的语法形态标记,小句的顺序变化一般不会影响句子的结构完整性和语义确定性,这为英语小句的顺序安排提供了较大的自由空间。与此相反,由于汉语没有形态变化,也较少使用虚词,小句的顺序安排也承担着句子构造的功能,并表示一定的语义,所以汉语各小句顺序比较固定,一般服从时间先后、因果关系、心理重轻等顺序规律。在句子主位问题上,汉语偏好使用人称主语,少用物称主语或形式主语,不能使用人称主语的情况下也经常用无主句或主语省略句,或者以其他非主语成分置于主语之前。这样造成的结果是,汉语句子间不一定能形成完整的主位推进链,它们的连贯往往处于隐性状态,需要读者根据语境去解读、重建。

  在英汉翻译中,如何安排小句顺序需要考虑汉语的语序规律,不应刻意追求主位推进。当然,如果小句顺序安排能够建立主位推进链,使语篇的连贯性更为明显,这当然会更为理想。相反,汉译英时要考虑英语句子语序的自由度和对语篇显性连贯的要求,通过小句之间的相互依赖关系和逻辑—语义关系,合理安排小句之间语序,形成句子内部的衔接以及句子之间的主位推进结构。例 3.27 和例 3.28 是两个英汉/汉英翻译的句子语序安排的例子。

例 3.27

"This is the best place on earth", said Ahmed, an Egyptian fellar, or farmer, I encountered in the Nile Delta, that incredibly fertile 8,500-

sqaure-mile triangle between Cairo and the Mediterranean coast.

通过对原文句子的解析和转换，我们获得以下 8 个汉语小句：

(a) 这儿就是世上最好的地方啊

(b) 艾哈迈德说

(c) 艾哈迈德是我在尼罗河三角洲遇见的一位埃及夫埃拉

(d) 夫埃拉就是当地话中的农民

(e) 尼罗河三角洲是一片三角地带

(f) 三角地带土地异常肥沃

(g) 三角地带面积 8500 平方英里

(h) 三角地带位于开罗到地中海沿岸之间

小句（a）（b）之间在逻辑—语义上属于投射关系，可以组成一个句子。"'这儿就是世上最好的地方啊'，艾哈迈德说。"和"艾哈迈德说：'这儿就是世上最好的地方啊。'"在现代汉语语法中应该都是可以接受的句子。存在（a）→（b）或（b）→（a）两个选项。分析英语句子可以发现，"This"指向语篇之外的情景语境，属于已知信息，其作为主位是合适的。同理，小句（a）中以"这儿是……"是已知信息，作为整个句子开头的主位是合适的，小句（b）的"艾哈迈德"则与小句（c）实现主位推进链，可见（a）→（b）这种顺序是比较可取的。（b）→（a）顺序不仅会使整个句子开头显得突兀，而且减弱句子与后续的句子的连贯性。小句（c）主题与前两个小句有别，故单独成句；同理，小句（d）也独立成句。小句（e）（f）（g）（h）的主题皆为"三角洲"，组成一句，它们在相互依赖关系上属于并列，在逻辑—语义关系上属于延伸。在顺序安排上，小句（e）的主位是"三角洲"，上承小句（c），其述位包含"三角地带"，下启后三个小句;从语义关系上看,小句(e)是对"三角洲"的总述,后三个小句是分述。因此,无论以诸位推进还是以语义关系为标准,小句(e)都应该安排在四个小句组成的句子之首。小句(f)(g)(h)属于并列关系,但是根据汉语的语序规律,人们习惯按照时空大小和先总后分的顺序对事物进行描述,因此可以将顺序确定为(h)(g)(f)。这样,我们可以得到初始的译文:

译文(a):"这儿是世界上最好的地方",艾哈迈德说。艾哈迈德是我在尼罗河三角洲遇见的一位埃及夫埃拉。夫埃拉就是当地话中的农民。尼罗河三角洲是一片三角地带,位于开罗到地中海沿岸之间,8500平方英里土地异常肥沃。(庄绎传译,此处略有改动)[1]

按照这个顺序安排的连贯性如何?可以进行主位推进结构分析。结果如图3.1所示。

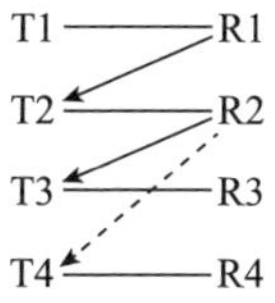

序号 No.	主位 Theme	述位 Rheme
1	这儿是世界上最好的地方	艾哈迈德说
2	艾哈迈德	是我在尼罗河三角洲遇见的一位埃及夫埃拉
3	夫埃拉	就是当地话中的农民
4	尼罗河三角洲	是一片三角地带,位于开罗到地中海沿岸之间,8500平方英里,土地异常肥沃

图3.1 主位推进结构分析

可以看出,译文句子间基本形成了主位推进,但第三句和第四句之间出现了断裂。两者之间没有任何语义关系,影响译文的连贯。为避免这种情况,可用括号、破折号等形式,将第三句作为一个小句融合到第二句中,让第四句与第二句直接发生语义联系。

---

[1] 庄绎传.英汉翻译简明教程[M].北京:外语教学与研究出版社,2002:44.

译文（b）

"这儿就是世界上最好的地方",艾哈迈德说。艾哈迈德是我在尼罗河三角洲遇见的一位夫埃拉（当地人把农民叫做夫埃拉）。尼罗河三角洲是一片三角地带,位置在开罗到地中海沿岸之间,面积8500平方英里,土地异常肥沃。

例 3.28

油茶是种高产优质的木本食用油料作物,具有盛产龄长、产量高的特点,其加工产品茶油被誉为天然保健食品,有较高的食用和药用价值。随着人民生活水平、保健意识的不断提高,茶油因具极佳的品质和上乘的保健功能,产品供不应求,价格居高不下。

例 3.28 按照汉语的时空大小和因果关系的语序规律组织语篇。第一句先叙述作物"油茶"（因为汉语小句长度受限,所以作物特点作为主谓短语独立于该小句之外）,然后叙述产品（"茶油"）；第二句先叙述宏观因素（社会环境）,然后叙述具体因素（茶油的功能）,最后说明两种因素共同导致的结果。本语篇思路清晰,语义连贯,但是其语序不能移植到英文句子中。首先,英语是"树干型"结构,句子需要主干结构作支撑,语篇也需要一个核心主线串联各句。在这个语篇中,核心的话题是"茶油"而非"油茶（树）","油茶（树）"管领的句子成分有限,不具备串联后续内容的能力。此外,在英语中"油茶（树）"是以"茶油"为基础建构的词语,因此以"茶油"而非"油茶（树）"作为第一句的信息起点更为合适。其次,英语民族思维特点是直线型,注重显性语篇连贯和形式衔接手段。因此,第二句继续以"茶油"或相关指代词为主位,能够与第一句形成主位推进,译文的连贯性更为理想。基于这两点考虑,可以对句子进行适当的小句分合,形成译文。

译文

Camellia oil is edible extraction from the fruit of camellia oleifera (tea-oil tree), a woody crop with long full-fruit period and high and good-quality yield. The oil, celebrated by Chinese people as a natural health food, has high edible and medicinal value. Thanks to its excellent quality and extraordinary efficacy for health, it is increasingly popular among people who are better off materially and health-conscious. Consequently, the oil products are demanded in large quantities and at high prices.

小句的组合边界

对于源语篇中由多个小句构成的句子，是否保留原来复句的边界，即通常所言的句子的分合，是另一个需要考虑的问题。由于英语富于形态变化、语法形式标记和连接手段，因此句子除了主干部分之外，还可以添加许多包孕成分、并列成分和附加成分，这些成分本身又可以添加层层环扣的从属成分，致使出现从句包含从句、句子长短几乎不受限的现象，书面句子往往显得"又繁又长"。汉语缺乏类似的形式手段，其造句主要采用"流水记事法"，常用分句或流水句来逐层叙述思维的各个过程，这些特点大大限制了汉语单句的长度，使其很少出现没有标点符号一气呵成的长句。同时，汉语有许多流水句，其主谓关系或者话题—评说关系比较松散，不受主谓形式或逻辑一致关系的束缚，因而复杂多样、灵活多变，包含多重话题或语义。[1] 这些繁复的句子如果按照原有结构进行翻译，不仅要求译者有很高的语言处理造诣，还给译文读者的阅读增添了难度。因此在翻译实践中，译者也经常设法对句子结构进行重组，使译文

---

1 连淑能.英汉对比研究:增订本[M].北京:高等教育出版社,2010:93.

结构更加简明易懂，语义更加明确清晰。[1] 小句的分合就是其中重要的手段。吕瑞昌教授等在《汉英翻译教程》中提出，在四种情况下汉语句子英译时需要进行分句：（1）句子篇幅较长，内容复杂，包含多层语义的；（2）句子不同部分在语义上属于不同层次的（如总分复句）；（3）句子不同部分的语气发生变化或意思有转达的（如转折复句）；（4）句末表示反问、感叹或者强调的。[2] 这些标准虽然针对汉英翻译，但是对英汉翻译也是大体适用的。如例3.29至例3.35。

例3.29

Gentleman, I am ashamed to see men embarked on so great and glorious an undertaking, as that of robbing the public, so foolishly and weakly dissenting among themselves.

例3.29的句子包含两个不同的话题，一个是关于某些人的行为的描述，另一个是关于某些行为的评价，句子又篇幅甚长，故对其进行分句翻译。

译文

诸位先生，有些人正在干一番光荣而伟大的事业，那就是掠夺大众。这时候，他们居然这么愚蠢，这么虚弱，在自己人中间发生内讧。对于这些，我真觉得丢脸。（连淑能译）[3]

---

1 国内外学者如Mona Baker、K. Klaudy、O. Paloposki和柯飞等通过平行语料库统计分析发现，目标语篇普遍存在若干共性，其中两点是:语言结构上较原文更为简化,语义上对原文中隐含的语义进行显化。参见:吴昂,黄立波.关于翻译共性的研究[J].外语教学与研究,2006,38（5）:298.
2 吕瑞昌,等.汉英翻译教程[M].西安:陕西人民出版社,1982:146-154.
3 连淑能.英汉对比研究:增订本[M].北京:高等教育出版社,2010:98.

例 3.30

And confidence is growing in the debt-restructuring process (1), the infuriatingly slow and untidy effort (2) that puts debtor nations on the International Monetary Fund's stringent diet of hard-nosed monetary policy, curtailed government spending, and fewer imports (3).

在例 3.30 中，小句（1）（2）（3）有一个共同话题"debt-restructuring progress"。这个话题是小句（2）的同位语，一般翻译成汉语句子的主语。然而，它在小句（1）中的语法成分只是补足语，一般翻译成汉语句子中名词的修饰成分。再者小句（2）中的"effort"也不归小句（1）的动词"growing"管领。因此，将小句（1）和小句（2）放在一个句子中很难自然过渡。此外，小句（2）与小句（3）构成一个复合体，与小句（1）合并在一句必然增加句子结构层次，徒增翻译操作难度，于读者阅读也并无好处。综上考虑，宜采用分句的方式进行翻译。

译文

人们对债务重组进程的信心正在增强。债务重组是一项漫长而拖沓得令人恼火的措施，它要求债务国执行国际货币基金组织严厉的一揽子计划，包括紧缩货币政策、削减政府开支和减少进口。（张新红，李明译，本书略有改动）[1]

例 3.31

我曾见许多年青的朋友，聪明用功，成绩优异，而语文程度还不足以达意，甚至写一封信亦难得通顺，问其故则曰其兴趣不在语文方面。

---

[1] 张新红,李明.商务英语翻译:英译汉[M].北京:高等教育出版社,2003:112.

例 3.31 虽然是单句，但包含两个不同的话题：（1）我所见的青年朋友的语文程度如何；（2）青年朋友对其语文程度成因的解释。两个话题相应的主语也有所变化。因此可以分句。在第一个话题中，"聪明用功""成绩优异""语文程度还不足以达意"在语义上属递进和转折关系，在结构上属并列关系，都可以作为"青年朋友"的定语。"甚至甚至写一封信亦难得通顺"是举例，与前述三个主谓结构存在总述和分述之别，语义上也有强调意味，应该加以分译。

译文

I have come across a great many bright and diligent young friends who have done exceedingly well in the studies, but are rather weak in Chinese. They cannot even write a letter in correct Chinese. When I asked them why, they said they were not interested in Chinese language. (张培基译)[1]

例 3.32

乙炔、氧气必须间隔 5 米以上，瓶子要捆绑在牢固可靠的地方，并且绑在瓶子中间，不能倒地或绑在瓶嘴上，瓶子运输或闲置时必须加安全保护盖。

例 3.32 包含三层意思：气体容器怎么放置、气体容器的安全放置距离，以及气体容器在不工作时的安全保护措施。由于受汉语"竹节式"结构影响，相关意思表述分散在不同小句之中，而且又以流水句式组合在一个句子中。这与英语句子"树干式"结构差异较大。为了减少译文读者的阅读困难，译者需要将表述不同意思的小

---

[1] 张培基. 英译中国现代散文选[M]. 上海：上海外语教育出版社，1999：287.

句彼此分割,并将原文中词语的深层意思("乙炔""氧气""瓶子")加以显化。

译文

Cylinders containing acetylene or oxygen should be kept minimally 5m apart. They should be fastened at the middle of their body, not at their neck, to a solid and stable location, and should not be placed flat on ground. When being transported or off-duty, the cylinders should be each capped with a safety-protective cover.

小句之下层级

在小句组成句子的过程中,选用哪个小句作为句子的起点也事关重大。这在翻译实践中常常称为主谓语的选择。主谓和谓语是构成英语小句的基干,它们构成的小句又是句子的核心,选择何种主语和谓语,是小句之下层级翻译要考虑的重要因素。汉语有许多非主谓句,同时也存在主谓句。[1] 就主谓结构本身而言,英语句子组织受形式逻辑约束,主谓结构严谨。汉语句子组织往往摹仿现实事理逻辑,主谓结构受文化思维等言外因素制约较大。[2] 因此,英汉翻译的主谓语选择要更多地考虑言外的事理逻辑因素,汉英翻译的主谓语选择要更多地考虑语法和形式逻辑因素。

英语语法具有刚性特征,且只有名词或名词性成分才能作为英语句子主语,初学译者容易将汉语句子中的名词或名词性成为视作译文句子的当然主语。这是一个误区。许多词汇或成分经过形态变

---

1 连淑能.英汉对比研究:增订本[M].北京:高等教育出版社,2010:58-60.
2 连淑能.英汉对比研究:增订本[M].北京:高等教育出版社,2010:51.

化，可以转换成名词性的词汇、短语或从句，满足英语语法对句子主语的要求。简而言之，汉语可成为译文句子"候选"主语的成分众多，但译者要以一定判断标准从"候选者"中选择最适合者。

按照功能语言学的观点，西方语法传统中的"主语"概念包括心理主语、语法主语和逻辑主语三个层面内涵，分别对应功能语法中的主位（theme）、主语（subject）和行为者（actor）[1]。这三个层面在自然语言中未必总是重合，但在许多情况下可能是重合的。主语与英语小句的主位系统，语气系统、及物性系统密切相关，汉英翻译的主语选择也需从这三方面考虑。

陈宏薇教授曾从语法和文化思维的角度，对汉英翻译的主语选择提出五项原则：（1）必须符合英语的语言习惯和英美等国的文化习俗；（2）必须符合英美人的思维方式；（3）必须是句中应该突出的信息；（4）必须符合句中的逻辑关系；（5）在篇章翻译中，必须符合上下文行文的需要。[2] 这些原则是英语主语选择原则的高度概括。结合功能语言学的考虑因素来看，笔者以为，以上原则可以进一步浓缩为三个方面：（1）从信息功能来看，主语的选择应该重视句子心理起点即主位，有助于形成语篇主位推进；（2）从人际功能来看，主语的选择应该重视逻辑起点即行为者，突出原文表达的意义重点；（3）从概念功能来看，主语的选择应该重视语法结构即语法主语，有利于译文形成一个简明的小句而非句子。以下分述之。

有利于形成主位推进

主位结构是英语语篇结构衔接的重要表现，恰当的主位选择有助于实现英语语篇的衔接，保证语篇连贯效果。在很多情况下，英

---

1 HALLIDAY M A K. An introduction to functional grammar: 3rd Edition[M]. Beijing: Foreign Language Teaching and Research Press, 2008: 57.
2 陈宏薇. 汉英翻译基础[M]. 上海：上海外语教育出版社，1998: 165.

语句子的主语位于小句起首部分，英语小句位于句子起首部分，与小句或句子的主位重合。在这种情况下，译文小句主语的选择应该有利于形成主位推进，如例 3.33。

例 3.33
第一架喷气式客机 1952 年在英国开始首次飞行。
译文（a）
The year 1952 witnessed the maiden flight of the first jet plane in Britain.
译文（b）
The first jet plane experienced its maiden flight in Britain in 1952.
译文（c）
Britain saw the maiden flight of the first jet plane in 1952.
译文（d）
The maiden flight of the first jet plane took place in Britain in 1952.

以上四种译文在结构或语义上差别不大，选择何种译文就需要考虑上下文的衔接，尽量保持和重构源语篇衔接。假设原句之前分别有四个不同的句子：

（1）"二战"后，英国经历了一段"复兴"的年代。
（2）"二战"后，开始了航空的黄金时代。
（3）20 世纪五六十年代是新发明迭出的年代。
（4）喷气式客机是"二战"后发展起来的技术。

不难发现，对应不同的句子，可以选择不同的译文。如果原句在句（1）之后，则句（1）的信息"英国"可以作为主位，宜选择译文（c）；如果原句在句（2）之后，则句（2）中"航空"相关的信息"飞行"可以作为主位，宜选择译文（d）；如果原句在句（3）之后，则与句（3）中"20世纪五六十年代"相关的信息"1952年"可以作为主位，宜选择译文（a）；如果原句在句（4）之后，则句（4）的信息"喷气式客机"可以作为主位，宜选择译文（d）。

有利于突出意义重点

汉语小句具有人称倾向，较少使用物或抽象名词作为主语，也很少用形式主语"it"，占据主语位置的词汇有时未必是小句意义重心所在。相反，在英语小句中，除形式主语"it"外，主语往往和谓语构成小句主干结构和意义重心。汉译英的主语选择也要考虑原文句子的意义重点。例如，例3.34有可能是描述"他"的现状，但也有可能是描述其疼痛的程度。如果是后者，句子意义的中心则在"疼痛"上了。对于前一种情况，句子译成译文（a）可能是适合的；但对于后一种情况，译成（b）可能更适合。

例3.34

他疼得缓不过劲来。

译文（a）

He felt such pains that he can hardly breath.

译文（b）

His pain almost exhausted him. （连淑能译）[1]

再如例3.35有两种译文，如果要突出"我走在地毯上"时周围的情况，宜用译文（a），如果是突出地毯的质量好，则适合采用译文(b)。

---

[1] 连淑能.英汉对比研究:增订本[M].北京:高等教育出版社,2010: 107.

例 3.35

我走在厚厚的地毯上，一点声音也没有。

译文（a）

There was no sound when I walked on the thick carpet.

译文（b）

The thick carpet killed the sound of my footsteps. （连淑能译）[1]

有利于简化句法结构

汉语主谓结构弹性较大，经常出现话题评论结构或者主谓谓语句，此时处于主语位置的词汇往往要管领整个评说部分或主谓结构，选择原句主语容易在译文中生成大量 subject-verb 结构，构成从属地位的小句。这样的译文容易变成"从句套从句"的多重复句结构，增加语法层级的繁复程度。不如另选合适的词语作为主语生成小句，简化语法结构。

例 3.36

人们说，人太骄傲了，就不容易进步。

译文（a）

I have heard that if one is too arrogant, he can hardly make progress.

译文（b）

I have heard that too much arrogance keeps one from progress.

不难看出，译文（a）选择"人"作为主语，将"人太骄傲了，就不容易进步"译成两个 subject-verb 结构，结果是整个句子译成多

---

[1] 连淑能.英汉对比研究:增订本[M].北京:高等教育出版社,2010:107.

重复句；译文（b）选择"骄傲"做主语，将"人太骄傲了，就不容易进步"译成一个 subject-verb 结构，语法结构相对简练。

例 3.37

历史上，长江不断改道，武汉地区形成了众多的湖泊。（陈宏薇译）[1]

在例 3.37 中，可能成为英语句子主语的词汇有五个，分别是：长江、改道、武汉、形成、湖泊，相应生成五种译文。

译文（a）

In the history, Changjiang River changed its course for many times, which shaped many lakes in Wuhan area.

译文（b）

Wuhan area witnessed the shaping of many lakes in the history due to the constant changes of Changjiang River course.

译文（c）

Many lakes were shaped in Wuhan area due to the constant course changes of Changjiang River in the history.

译文（d）

The formation of many lakes in Wuhan area are due to the constant course changes of Changjiang River in the history.

译文（e）

The constant changes of Changjiang River course in the history helped form many lakes in Wuhan area.

---

[1] 陈宏薇.汉英翻译基础[M].上海：上海外语教育出版社,1998:168.

译文（a）以长江为主语，保持了原句的主位，有助于形成主位推进。但它构成主从复句，还让"形成湖泊"与"长江改道"构成解释性扩展关系，让原句的语义重心"长江改道导致形成湖泊"处于一种隐晦的、需要读者自行把握（高语境）的状态，这与英语显性语义、低语境的特征不符。

译文（b）以"武汉地区形成湖泊"为主语，将全句结构相比译文（a）简单，而且显化了"武汉地区形成湖泊"与"长江改道"的因果关系。不过，它的宾语（无动词小句）还从属一个无动词小句（由动词"改道"转换的名词"changes"），仍稍显复杂。

译文（c）和译文（d）相对译文（b）做了进一步简化，以"长江改道"译出的无动词小句为全句状语，结构较为简练，意思也较为清晰。两者因谓语动词的差异，导致小句及物性过程不同。

译文（e）在语法结构上与译文（c）（d）同样简练，语义清晰。译文（e）以"长江改道"为主语，基本保持原句主位关系。可见，后三种译文语法结构上更为简练，可以考虑语义和语境等因素在它们之间选择一种合适的译法。

谓语作为"提纲挈领地聚集各种关系网络"的成分，同样是英语小句的重要构成成分，[1] 英语语法的刚性要求对于谓语也同样适用。因为英语句子很少将谓语放置在句首部分（祈使句可以看作主语省略的情况），汉英语篇翻译关于主位推进要求不适用于谓语选择。除此之外的两条，应该对谓语选择适用。翻译中注意做到两点：（1）以原文句子核心意思动词为谓语，突出意义重点，建构英语句子主干；（2）有利于原文句子非核心动词的非谓语形式处理，简化译文句法结构。

---

1 连淑能.英汉对比研究:增订本[M].北京:高等教育出版社,2010:51.

有利于突出意义重点

汉语句子可能包含多个谓语。这大致分为两种情况。第一种情况,各个谓语之间在意义上是并列或递进,重要性相同。这种情况下,几个谓语可以译成英语的并列谓语,如"她推开门,走了进来"译成"She opened the door and came in"。第二种情况,各个谓语之间的意义上可能是伴随、解释、转折等情形,彼此重要性有差异。在这种情况下,最重要的谓语应该译为英语句子的谓语,如"第二天,他腋下夹着几本书回来了"译成"In the next morning, he went back with some books under his arm"。在汉语单句包含多个主谓短语的情形,则更加需要译者辨析出语义上最为重要的谓语部分,并将其作为英语小句的谓语,以此为基础构建英语句子主干,如例 3.38。

例 3.38

海尔集团成立于 1984 年,经过 22 年的发展,现已成为在海内外享有较高声誉的大型国际化企业集团。

例 3.38 句子语义上最为重要的部分是"成为……集团",因此可以将此作为英语句子的主干。其余两个部分"成立于 1984 年"和"经过 22 年的发展"是对前者的背景解释,属于语义上的延伸,因此可以译成英语句子的状语部分,分置句子前后部分。

译文

Haier, founded in 1984, has been a large international business group with high reputation at home and abroad after its 22-year development.

有利于简化句法结构

在汉语中，可能出现不同的动词或主谓短语连用形成多个谓语，进而构成流水句、连动句、兼语句、话题句情况。英语小句谓语由且通常只由一个动词（含系动词和助动词）构成，主谓结构之外的表示动作意义的词汇只能采用非谓语形式。因此，汉英翻译可以保留适合用英语动词表示的动作为谓语，将其余动作转换成非谓语形式进行表示，如例3.39。

例3.39

第一大误区是以为来香港读大学就有高奖学金。

例3.39是单句，但对应的英语译文可能是包含两个小句的主从复句。"第一大误区是"是投射小句，"以为来香港读大学就有高奖学金"是投射的内容。后一个小句有多个动词"以为""来""读"和"有"。如果从语义方面来看，这些动词都很重要，难以区分其重要性的差异。不过，从动词转化成非谓语形式的可能性上，我们可以发现它们有很大的不同。"以为"跟前一个小句中的"误区"有语义上的重叠，"误区"本来有"误以为"的意思，故"以为"可以省略；"来香港读大学"与"在香港读大学"意思基本相同，所以"来"可以翻译成介词"in"；"读大学"的"读"译成"study"可以词类活用。因此，可以将剩余的"有"作为谓语动词，并根据主语搭配的需要，将"就有"引申为"意味着"。

译文

The first misunderstanding is (that) study in a H. K. university means high scholarship.

结　语

　　语篇翻译以小句为翻译转换的基本单位。译者可以小句的转换为中枢，综合考虑小句层级、小句以上层级和小句以下层级的翻译转换。在小句层级，围绕小句内信息单元的再现及其在小句中的重组，考虑因翻译转换的基本选择。在小句之上层级，可以根据小句之间的逻辑语义关系和相互依赖关系，结合句子主位选择和目标语言的语序规律，以及小句组合的一般边界，将小句组合成句子。在小句之下层级，通过小句主干即传统语法中的主语和谓语的选择，考虑翻译转换问题。在主语的选择上，需要考虑如何有利于形成主位推进，有利于突出意义重点，有利于简化句法结构；在谓语的选择上，需要考虑如何有利于突出意义重点和有利于简化句法结构。通过小句上下三个层级选择，语篇翻译的另一个重要环节——翻译转换得以实现。

第 4 章

文化因素与翻译改写

翻译是发生于社会语境中的一种交际过程,译者作为中介者介入语篇作者与语篇接收者之间的协商,译者的选择也是语篇翻译难以避免的内容。哈蒂姆和梅森认为,不能单纯地只从一个社会语境视角来判断翻译,还需要考虑译者动机以及与这种动机交织在一起的社会文化语境。[1] 这样,翻译不仅与源语篇功能、源语篇作者和源语篇得以生成的社会文化状况联系起来,还与目标语篇功能、译者以及制约目标语篇生成的社会文化状况联系了起来。这在一定程度上与德国功能主义翻译目的论相类似。翻译目的论认为,翻译是有目的的行为,翻译策动者根据现实的翻译需要决定翻译目的,译者需要根据目标文本在目标语境中的功能选择合适的翻译策略,目的决定手段。[2] 如此,

---

1 HATIM B, MASON I. Discourse and the translator[M]. Shanghai: Shanghai Foreign Language Education Press, 2001: 12.
2 NORD C. Translating as a purposeful activity: functionalist approaches explained[M]. Shanghai: Shanghai Foreign Languages Education Press, 2001: 20-32. 在功能主义翻译研究和文化学派翻译研究中,翻译材料的英文名称都是"text",但在中国翻译学界常见的译名是"文本"。本书沿用习惯译名,不统一称为"语篇"。

语篇翻译还要超出张美芳教授所言"微观翻译功能"范畴,进入"宏观翻译功能"领域。

目的论关注的"宏观翻译功能"侧重翻译参与者目的和目标文本的具体功能,较少深入探讨影响翻译的另一类重要因素:社会文化。实际上,翻译行为同时具有三重性质:其一,生成特定目标文本从而完成特定社会交际任务的具体翻译行为;其二,承担源语言文化和目标语言文化之间跨文化交际功能的一般翻译行为;其三,作为目标语社会文化语境(在某些特定情况下也可能处于源语社会文化语境)中社会行为的翻译行为。后两种翻译行为研究,实际上属于霍姆斯(J. Holmes)所言"功能导向的翻译研究"。[1] 对应三重性质,翻译有着不同的制约因素:翻译目的制约具体翻译行为,翻译规范制约一般翻译行为,社会文化因素制约作为社会行为的翻译行为。三者共同制约译者的选择,让译者对在源文本作者意向的考虑之外,综合考虑社会现实,在"求真"和"务实"之间追求平衡。[2] 出于"务实"的考虑,翻译过程中往往发生与源文本表述内容或者源文本作者意向相偏离的选择,即比利时翻译学界勒菲弗尔所言的"改写"。[3] 对此加以综合讨论,可能对影响文本翻译的文化因素进行更为平衡的描写。

在影响的隐显程度上,三类文化因素存在差异:翻译目的和翻译规范与直接翻译行为相关,对翻译行为具有显性影响;意识形态和诗学翻译行为间接相关,对翻译行为有隐性影响。考虑到这种差异,本章将分两节探讨文化因素对于语篇翻译的制约。诸多学者已从功能主

---

[1] HOLMES J. Translated! papers on literary and translation studies[M]. Beijing: Foreign Language Teaching and Research Press, 2007: 72.
[2] 周领顺. 翻译之道:在"求真"和"务实"间平衡[J]. 重庆交通大学学报:社会科学版, 2020(1): 70-75.
[3] LEFEVERE A. Translation, rewriting and the manipulation of literary fame[M]. Shanghai: Shanghai Foreign Language Education Press, 2004: 9.

义翻译、文化翻译、翻译政治等视角对以上因素各自的制约形式和效果进行深入讨论，笔者不做过多阐述，而是尝试从以上因素的互动以及综合作用方式角度，对英汉语篇的翻译改写进行探讨。

翻译目的和翻译规范[1]

译者的选择影响目标文本的生产。德国功能主义翻译学派学者梳理大量翻译实践活动后发现，很多优秀的目标文本相对源文本不存在"对等"，甚至也没有做到"功能对等"。如何解释这种"反常"的现象？德国功能主义翻译学派的学者认为，这是目标文本的面貌由目标文本在目标语境中的功能所确定，而功能又受制于翻译过程参与者的目的。翻译活动中存在不同的目的，如果翻译目的不要求"对等"或者要求"不对等"，译文自然不必追求"语言对等"或"功能对等"。由此，他们开始分析翻译之目的，并提出翻译目的论。

翻译目的论（skopos theory，以下简称目的论）最初由翻译学家费米尔（H. J. Vermeer）提出，随后由曼塔里（J. Holz-Mänttäri）和诺德等人加以发展。[2] 费米尔以希腊语中"目的"（skopoi）一词为名，强调翻译是一种故意导致或阻止事物发生变化的有目的之活动，即行为。翻译目的有三个层次：第一，参与者借助翻译活动意图达到的目的；第二，目标文本意图达到的功能；第三，选择特定方法意图达到的目的。不过，一般情况下"目的"指译文要达到的预期效果。翻译目的的最终决定者是翻译的发起者，发起者可以是客户、

---

1 本节部分内容曾以作者与他人合著论文的形式发表。参见: 袁邦株, 林长洋. 翻译研究: 目的论合规范论的结合[J]. 四川外语学院学报, 2007（6）: 116-120.
2 费米尔的专著没有英译本或中译本，本书引用的费米尔翻译思想主要源自费氏论文《翻译行为中的目的与委任》（*Skopos and commissions in translational action*）以及诺德在《目的性行为——析功能主义理论》（*Translating as a Purposeful Activity: Functionalist Approaches Explained*）一书中的转述。

出版商，也可以是译者本人。发起者设定目标并发出翻译任务，译者则根据该任务制作出使源文本在译入文化语境中实现"交际意图"的新文本。[1]

目的论认为，翻译目的决定翻译行为，这是"目的法则"。目的不是教条，而是译者根据具体情境确定的原则："目的法则表明，译者必须有意识地并一贯地根据与目标文本相关的某些原则进行翻译。该理论并没有说原则具体是什么，这点应该在具体的事例中逐个确定。"[2] "根据目的进行翻译并不意味着译者始终采取同一种翻译策略和技巧。在相同翻译目的下，译者可以采用不同策略和技巧。"[3] 源文本是一个具有无限潜势的开放实体，是且只是目标文本的一个"信息供源"，译者从中选择与目标文本的预期功能相适应的信息。[4] 目标文本与源文本之间存在一定联系，这种联系称为"语际连贯"或曰"忠实"；同时，目标文本要在目标文化语境中发挥作用，因此存在"语内连贯"。语内连贯原则高于语际连贯原则，但两者都服从于目的法则。翻译要与目的相适应，因此判断翻译质量的最高标准不是"等值"，而是译文在译入文化语境的"适当"。[5]

20世纪70年代开始，来自低地国家和以色列等的另一批翻译学者认为，翻译研究不应限于探讨翻译"应该是怎样的"，更需要关注翻译史上真实的翻译现象并给出解释。在这种思想的指导下，他们从系统的、文化的角度对翻译活动进行梳理，他们也因此被称为

---

1 VERMEER H J. Skopos and commissions in translational action[M]//VENUTI L. Translation Studies Reader. London: Routledge, 2000: 223.
2 NORD C. Translating as a purposeful activity: functionalist approaches explained[M]. Shanghai: Shanghai Foreign Languages Education Press, 2001: 30.
3 VERMEER H J. Skopos and commissions in translational action[M]//VENUTI L. Translation Studies Reader. London: Routledge, 2000: 222.
4 NORD C. Translating as a purposeful activity: functionalist approaches explained[M]. Shanghai: Shanghai Foreign Languages Education Press, 2001: 32.
5 NORD C. Translating as a purposeful activity: functionalist approaches explained[M]. Shanghai: Shanghai Foreign Languages Education Press, 2001: 33.

"文化学派"。这种研究的成果之一就是"翻译规范论"。首先深入探讨"翻译规范"的是以色列学者图里（G. Toury），芬兰学者切斯特曼（A. Chesterman）也在该领域进行耕耘。

图里考察了1930—1945年间的英俄德法等语言译入希伯来语的文学作品后，发现翻译在本质上是受社会文化因素制约的社会实践活动。他说："在社会文化维度，翻译可以描述为受不同类型和不同程度的因素制约。这些制约因素远不止源文本，还包括翻译行为中涉及的（两类）语言传统和文本传统之间的系统性差异，甚至还包括译者作为必要的中介者在认知工具上可能性和限度。"图里对这些制约因素进行分类，提出了"翻译规范"的概念。他认为，在效力方面，社会文化制约因素差异甚大，在其一端是往往具有绝对效力的规则（rules），另一端是纯粹的偏好。规则效力最高，而偏好效力最低，介于两个极端中间的是一个巨大的中间地带，占据这个中间地带的是具有主体间性的因素，通常称为规范（norms）。[1]

在图里看来，规范是共同体价值观的表现，是共同体成员行为的指南和评判标准。个人通过其社会化的过程习得规范，规范只存在允许不同行为且行为的选择具有目的性的情境中。规范在社会活动中占据中心地位，但是人的举止也可以不遵循占主导地位的规范。特定的个例不符合规范并不会使规范无效。偏离规范的举止通常需要付出代价。在约束力问题上，不同的规范情况各异：某些规范类似于规则，约束力较强；另一些规范则像偏好，约束力较弱。规范与其他类型的制约因素也可能因约束力的升降起落而发生相互转化，纯粹的个人偏好可能变成规范，规范可能变成规则，也可能反向变化。规范有效性和约束力的升降起落通常与其在社会系统里的位置

---

[1] TOURY G. Descriptive translation studies and beyond[M]. Shanghai: Shanghai Foreign Languages Education Press, 2001: 53-54.

变化有关。规范有两个固有的属性：社会文化特殊性和不稳定性。因此，就某个特定的规范而言，其效力会因时代不同和情境不同而有所不同。就某个特定的时代而言，可能同时存在过去的、主流的和新兴的三种不同类型的规范。[1]

翻译也是一种受规范制约的社会活动，该活动的每个阶段都有翻译规范发生作用，其产品的各个层面也反映翻译规范的影响。在翻译中存在三种主要规范：起始规范（initial norms）、预备规范（preliminary norms）和操作规范（operation norms）。前者是一种立场指引，后两者则是更为具体的策略选择。起始规范要求译者做出立场选择：要么服从于源文本以及源文本得以筑基其上的各种规范，要么服从于译入文化中的规范（或者说译入文化中与译文相关的那一部分规范）。起始规范的优先地位源于其总括全局，不过这种优先地位是逻辑优先，而非时间优先。预备规范和操作规范是针对翻译活动的规范。预备规范指引翻译活动的前期选择，包括选择翻译原文，以及决定是否允许从第三种语言转译等。操作规范又称为矩阵规范，其功能有如矩阵或模型，译文按照该矩阵或模型才得以生成。每个模型都包含具体的行为指南，提供某些选项的同时禁止另一些选项。[2]

切斯特曼则认为，翻译规范是翻译理念因子（meme）的历史积淀，可以分为期待规范和专业规范。期待规范是目标读者在语法、内容、风格等方面对目标文本的期待，通常是由翻译评论家、文学评论家、教师等目标文化中权威人士而发生作用。专业规范是制约翻译过程、确定翻译方法和翻译策略可接受性的规范，这类规范包

---

[1] TOURY G. Descriptive translation studies and beyond[M]. Shanghai: Shanghai Foreign Languages Education Press, 2001: 62-63.
[2] TOURY G. Descriptive translation studies and beyond[M]. Shanghai: Shanghai Foreign Languages Education Press, 2001: 62-63.

括责任规范、交际规范及关系规范等。和图里一样,切斯特曼也认为翻译规范是可以争辩、可以打破的,其性质并非静态或永久性的,而是可以修正和改变的。[1]

通观两派学者的论述,可以发现,制约文本翻译的文化因素既有翻译目的,也有翻译规范。两者是否可能共同发挥作用?我们认为,答案是肯定的。这就延伸出两个问题:第一,翻译目的和翻译规范之间有何相通性可以作为共同作用的基础?第二,两者共同作用的互动机制是怎么样的?

关于第一个问题,我们认为,两个流派的理论基础是相通的。目的论和规范论在研究路径和导向上存在相似性。它们都是以目标文本和译入文化为导向的理论。目的论的创始人费米尔从一开始就强调翻译应该"在目标情境中、在要使用该译作的人手中完全按照所期望的方式发挥作用"[2]。同样,描述学派学者的立论基础也是"翻译研究应该以译入文化为导向",图里尤其坚信"翻译是目标文化的事情"[3]。图里在研究中还特别指出两者在这一点上的相似性:"有趣的是,费米尔目的论的最初的理论框架与我开始转向以译入文化为导向[的研究]不谋而合"[4]。另一个共同之处在于它们都是描述性理论。规范论作为文化学派理论认为"翻译研究是描述性的、以译入文化为导向的、强调功能的和系统的"[5]。目的论没有明确宣称描述性,且乍看之下似乎有规定性理论色彩(所谓"目的决定手

---

[1] 切斯特曼,安德鲁. 翻译模因论:修订版[M]. 傅敬民,译. 上海:上海外语教育出版社, 2000:81-86.

[2] NORD C. Translating as a purposeful activity: functionalist approaches explained[M]. Shanghai: Shanghai Foreign Languages Education Press, 2001:29.

[3] TOURY G. Descriptive translation studies and beyond[M]. Shanghai: Shanghai Foreign Languages Education Press, 2001:22.

[4] TOURY G. Descriptive translation studies and beyond[M]. Shanghai: Shanghai Foreign Languages Education Press, 2001:2.

[5] HERMANS T. Translation in systems: descriptive and system-oriented approaches explained[M]. Shanghai: Shanghai Foreign Languages Education Press, 2004:32.

段")。但是,目的论并没有说译者要遵循什么样的目的,而是建议译者分析具体的情境,并以此为根据确定翻译目的、确定目标读者群、分析原作和采取翻译方法。费米尔指出:"目的法则明确的是:应该有意识地和一贯地根据某些与目标文本有关的原则进行翻译。这一理论并没有说这些原则是什么,这些必须根据每一个具体情况分别加以决定。"[1] 可见,目的论在本质上应该还是描述性的。第三个共同之处是描述对象的相似性。目的论和规范论都视翻译为跨文化的活动,关注非语言因素。非语言因素形式多样且可能相互重叠交叉,因此目的和规范之间也不是泾渭分明互不干涉,两种理论的研究对象是相互联系、相互重叠和相互影响的。[2]

两个流派关于翻译本质的论述也有相通之处。其一,两派核心概念——"目的"和"规范"发挥作用的基础是翻译的"选择行为"。目的论学者和规范论学者都承认,他们的研究前提是"非强制性的、可以自由选择的和处于行为人意志控制之下的行为"。目的论的整个理论建立在一个前提上,即"存在意志自由,可以在两个以上的可能的行为方式上进行选择,而其中某种行为方式比另个行为方式被认为更恰当"。[3] 可见,目的论从一开始就承认了翻译中存在的选择的自由。规范论作为文化学派翻译理论从根本上也认为"译者的决策过程只在这一程度上和我们〔的研究〕相关:这一决策过程处于译者的控制之下"。[4] 图里更将其翻译规范论建立在"自由选择"的前提上:"显然,规范只存在于允许各种不同的行为的情境

---

[1] NORD C. Translating as a purposeful activity: functionalist approaches explained[M]. Shanghai: Shanghai Foreign Languages Education Press, 2001: 30.
[2] SNELL-HORNBY M. Translation studies: an integrated approach [M]. Shanghai: Shanghai Foreign Language Education Press, 2001: 39.
[3] NORD C. Translating as a purposeful activity: functionalist approaches explained[M]. Shanghai: Shanghai Foreign Languages Education Press, 2001: 27.
[4] HERMANS T. Translation in systems: descriptive and system-oriented approaches explained [M]. Shanghai: Shanghai Foreign Languages Education Press, 2004: 73.

中，而且其中进行的选择不是任意的。"[1]

其二，目的论和规范论都认为翻译是有目的的活动。尽管"目的"是功能主义的主要观点，但规范论也没有否认翻译具有目的性，而且还将之作为规范论的基本观点之一。在《翻译理论探索》（In Search of a Theory of Translation）一书中，图里指出："翻译是一种有目的的活动。换句话说，翻译中采取任何一个行动都在很大程度上受这一行动所服务的目的所调节。因而，要了解翻译的过程及其产品，应该首先确定翻译所要服务的目的。"[2] 在规范论者接受翻译目的的同时，功能主义学者也朝着规范论迈出了一步。诺德在其《目的性行为——析功能主义理论》一书中要求"我们应该更进一步研究通行规范在功能主义理论中的作用"。[3]

其三，从两个流派的论述来看，翻译规范与翻译目的是相互联系、可能相互转化的。翻译经常出现翻译发起者没有给出明确翻译目的的情况。在这种情况下，翻译目的通常都从翻译中的规范或常规中派生出来，因为"有经验的译者可以从翻译情境本身引申出目的或常规的任务"。[4] 这种"常规任务"建立在通常的假设之上，即"在既定的时间下特定的文化群体中，某些类型的文本通常是翻译成特定的翻译作品的"。推而广之，译者必须考虑"什么是对的或错的，合适的或不合适的，什么是允许的禁止的容忍的被推荐的"。[5]

---

1 TOURY G. Descriptive translation studies and beyond[M]. Shanghai: Shanghai Foreign Languages Education Press, 2001: 55.
2 TOURY G. In search of a theory of translation[M]. Tel Aviv: Porter Institute, 1980: 82.
3 NORD C. Translating as a purposeful activity: functionalist approaches explained[M]. Shanghai: Shanghai Foreign Languages Education Press, 2001: 53. 根据文化学派学者赫曼斯的研究，诺德的术语"常规"和文化学派使用的术语"规范"在内涵上是基本相同的。参见：HERMANS T. Translation in systems: descriptive and system-oriented approaches explained[M]. Shanghai: Shanghai Foreign Languages Education Press, 2004: 80.
4 NORD C. Translating as a purposeful activity: functionalist approaches explained[M]. Shanghai: Shanghai Foreign Languages Education Press, 2001: 31.
5 TOURY G. Descriptive translation studies and beyond[M]. Shanghai: Shanghai Foreign Languages Education Press, 2001: 54.

而这些需要考虑的因素，就是规范。在大多数的情况下，这些"常规目的"都指导着译者，以使翻译活动符合占主导地位的规范和普遍期待的要求。当此类翻译实践数量增加达到一定程度的时候，这些"常规目的"或"一般目标"就成为某种先例要求后来者遵守。如此"常规目的"强化了占主导地位的规范的效力，而同时自身也变得与规范相似。因此，"规范可以理解为效力更强的、具有规定性的社会常规"。[1] 两者之间有着密切的联系。在现实情况中，翻译目的与翻译规范之间的分界线很模糊，某个制约因素可能是翻译目的，也可能是翻译规范，也可能同时是目的和规范。"有时，很难清楚地说出一个翻译决策是由于翻译目的还是翻译规范导致的结果。"[2]

关于第二个问题，我们认为，翻译目的之间、翻译规范之间、翻译目的与翻译规范之间可能相互冲突，译者根据冲突带来的利弊进行权衡。翻译目的和翻译规范错综复杂，难以加以非常精确的描述。不过，既然这些因素是经常作用于翻译实践中，我们仍有可能对其运行方式做一般性的思考，正如图里所指出："既定的社会总是有各种相互冲突的规范，所有这些规范都与其他功能系统相互关联；不过，情境经常重复出现的话，可以建立一定的行为模式。"[3] 图里的这段话包含着两个重要的论点：第一，规范是各种各样的，各种翻译规范可能相互冲突；[4] 第二，翻译规范与翻译目的存在互动。将

---

[1] NORD C. Translating as a purposeful activity: functionalist approaches explained[M]. Shanghai: Shanghai Foreign Languages Education Press, 2001: 31. 国内也有学者指出，"在功能主义翻译理论中，'功能'概念同样是一个系统性和整体性的概念，它不单纯指译者的心理状态，而是和'社会的、非人的环境因素'密切相关"。参见：宋以丰. 心灵哲学视域下的功能主义翻译理论研究[J]. 中国翻译, 2020 (2): 128.
[2] 范祥涛. 描写译学中的描写对象和描写方式[J]. 外国语, 2004 (4): 60-67.
[3] GENTZLER E. Contemporary translation theories[M]. Shanghai: Shanghai Foreign Languages Education Press, 2004: 128.
[4] 例如，余静梳理了四类译者最常遇见的规范冲突：内部规范与外部规范的冲突，翻译场域内不同类型、不同层次的规范冲突，译者遵循的规范与主导规范的冲突，翻译场域内势均力敌的规范导致的论战、辩论等。参见：余静. 规范冲突中的翻译行为模式研究[J]. 外国语, 2020 (4): 92-99. 从翻译实践的规范案例来说, 英国翻译家　　　　（转下页注）

图里的论断加以引申,可以发现,翻译目的与翻译规范与也可能相互冲突。[1] 如果翻译目的的要求与翻译规范发生冲突,或者面对相互矛盾的各种翻译规范,译者如何选择?这并不容易:作出某个选择即意味着其选择遵守某些规范而违反另一些规范。违反任何规范都意味着付出一定的代价。任何决策都可能影响翻译产品的最终形态,而且给译者本人带来一定的压力。那译者究竟根据什么来作决定呢?

美国社会学家科尔曼(J. S. Coleman)的理性选择论(Theory of Rational Choice)为解答这一问题提供了重要线索。科尔曼认为,规范是宏观层次的概念,但控制着微观层次的个人行动,规范是个人的理性选择(最大限度地获取效益)的结果,规范实现从微观行动到宏观系统的转变后,又反过来影响个人的行动选择。[2] 规范之间是相互联系的,同时又有层次之分,规范之间存在重叠、矛盾和冲突,

---

(接上页注)萨沃里(T. H. Savory)概括人们对翻译的各种要求后,曾列举出12条实际上是六组两两相斥的翻译规范:(1)翻译必须译出原作的文字;(2)翻译必须译出原作的意思;(3)译作必须读得读起来像原作;(4)译作必须读得读起来像译作;(5)译作必须反映原作的风格;(6)译作必须反映译者的风格;(7)译作必须译得像原作同时代的作品一样;(8)译作应该译成与译者同时代的作品一样;(9)翻译可以对原作进行增减;(10)翻译不可以对原作进行增减;(11)诗必须译成散文;(12)诗必须译成诗。转引自:SCHAFFNER C, KELLY-HOLMES H. Cultural functions of translation[M]. Clevedon, Toronto and Adelaide: Multi-lingual Matters Ltd, 1995: 5.

1 诺德认为,翻译过程中存在各种各样的目的。一个目的可能包含数个子目的,子目的并不必然与上位目的一致,也未必与其他子目的一致。不过,在一般情况下,翻译目的之间的矛盾在翻译过程开始之前已经得到解决:"为了达到特定的目的,另一些被认为不那么重要的目的可能被舍弃或者让步。例如,在翻译发起者的目的(使译作卖得好,多赚钱)与译者目的(使译作保持一定的原貌,有艺术价值)之间发生冲突的情况下,译者要么可能拒绝翻译(这意味着翻译活动不发生,译者饿肚子)要么就屈服于发起者的目的之下。"参见:NORD C. Translating as a purposeful activity: functionalist approaches explained[M]. Shanghai: Shanghai Foreign Languages Education Press, 2001: 27.

2 科尔曼认为,社会行动系统包括行动者、资源和利益三个基本元素。在一个社会行动系统内部至少要有两个行动者,行动者是具有目的性的理性人,他们每个人都控制有利于对方的资源,因此必须从事与对方发生关系的活动。社会系统内存在不同的行动结构,但交换关系最为典型。理性行动者都受到获取利益这一"无形之手"所指引走向并非是他所期望的终点,从而达到社会最优状态。参见:科尔曼,詹姆斯. 社会理论的基础[M]. 邓方, 译. 北京:社会科学文献出版社, 2008: 26-45.

它们构成了复杂的规范系统。[1] 科尔曼对规范效力进行深入剖析后认为，社会需要规范的原因在于遵守规范将使社会成员获益，不遵守规范将使他们的利益受到损害，为了让行动者遵守规范，就有必要将规范与行动者利益的损益联系在一起。[2] 因此规范的实施常常伴有内在或外在的奖惩措施。一方面，规范可能内化于行动者思想，行动者会对自身行为进行奖赏或惩罚（例如内心受到谴责）；另一方面，在某些情况下，行动者自身并非遵守规范的受益者，则规范的执行需要其他权威来执行。规范实施的效力至少跟两方面有关：一方面是遵从规范带来的益处是否具有外部性以及维护该规范的成本如何；另一方面则是行动者与规范执行者之间的权力关系。针对后者，科尔曼特别提出了三条结论：共同体内掌握大权的人很少受罚也较少服从规范，处于社会低层的人也较少服从规范和各种惩罚措施，行动者若与规范执行者之外的人有联系也较少服从规范。[3]

就翻译而言，译者选择是否遵守规范或者遵守哪些规范，与其自身对翻译规范效力的认知及其对违反规范受到的惩罚的判断有关。首先，译者要考虑规范的效力。在既定时期内，在翻译过程中发挥作用的规范，彼此间的翻译效力是不同的：某些效力更强些，某些弱些。[4] 从理论上说，翻译规范的效力与两个问题有关。第一个问题

---

[1] 科尔曼,詹姆斯.社会理论的基础[M].邓方,译.北京:社会科学文献出版社,2008:290.
[2] 科尔曼从规范的形式（禁止性规范和指令性规范）、规范的受益者（共同性规范与分离性规范）、遵守规范的社会成本，以及不同规范组成的规范系统等方面进行了详尽的考查。参见:科尔曼,詹姆斯.社会理论的基础[M].邓方,译.北京:社会科学文献出版社,2008:291-300.
[3] 科尔曼,詹姆斯.社会理论的基础[M].邓方,译.北京:社会科学文献出版社,2008:315.此外,法国社会学者布迪厄（P. Bourdieu）的文化社会学从场域、惯习和文化资本等维度对文化再生产的规律做出了深刻剖析,对翻译规范研究也富有启发意义。关于翻译的文化再生产,参见:邵璐.Bourdieu社会学视角下的重释中国近代翻译史——以并世译才严复、林纾为例[J].中国外语,2012,9（1）:77-83.
[4] HERMANS T. Norms and the determination of translation: a theoretical framework [M] // ROMAN A, CARMEN M. Translation, power, subversion. Clevedon: Multilingual Matters, 1996: 33.

就是，翻译规范是否有助于促进翻译实践的需要，以及维持该规范所需的技术支持如何，即翻译领域内的权威能否保证规范得到充分遵守；第二个问题是，翻译在目标语社会文化系统中的相对地位，这决定了翻译与其他文化权威的权力关系如何。正如图里所言，"翻译规范……在很大程度上取决于翻译活动及其产品在目标文化中所处的位置"。[1] 每一个系统都有一些观念和价值被特别强调和珍视，因而捍卫这些观念和价值的规范也更为重要，违反这些规范也要受到更严厉的制裁。那么相对于其他规范，这些规范的效力就更高。翻译规范也根据它在这一系统中的重要性体现出相对效力。[2] 此外，翻译规范的效力不是恒定的，而是变动的。这是因为翻译在不同时期有不同的观念和价值受到重视。随着翻译时间的变化，规范的效力也呈起伏升降的态势。因此，很难说出某个翻译规范的效力如何：只能从更严格的翻译意义上说，在特定的情境中（包括所在时间和所在的翻译系统）规范效力如何。

译者试图从翻译目的出发进行决策，但目的可能满足一些规范要求而违反其他的另一些规范要求。违反规范要付出代价。译者可能既不愿放弃目的，也不愿意付出代价。他要先比较违反不同翻译规范的代价。一般来说译者倾向遵守效力比较强的规范（因为它的制裁更为严厉），并在平衡其他规范的基础上达到一个妥协，使自己能在付出代价最小的情况下达到最大目的。不过，总是存在例外的。有时译者为了达到特定的翻译目的可以不惜违反效力很强的规范。例如：清末的政治小说翻译就为了达到翻译目的而置当时的意识形态规范而不顾。关键在于，付出的代价是否有利于翻译目的的实现，违

---

[1] TOURY G. Descriptive translation studies and beyond [M]. Shanghai: Shanghai Foreign Languages Education Press, 2001: 61.
[2] 参见: HERMANS T. Translational norms and correct translation [M] // Translation studies: the state of the art. Amsterdam: Rodopi, 1991: 163.

反规范是否得大于失,或者译者是否情愿付出这样的代价。正如西塞罗所言,翻译目的就是"某些翻译不利因素或者有利因素被忽略,以获得更大的有利因素,或避免更大的不利因素"。[1]

我们可以结合翻译史进行分析。在翻译史上,不同译者对于"忠实"("信"或者"对等")的态度,折射出翻译目的与翻译规范的互动。传统译论认为,目标文本相对源文本应该保持语言和风格的"对等"或一致,至少"在源文本与目标文本之间建立并翻译保持一种恰当的关系或相似性"。[2] 人们可以容忍语言或文化差异导致的"不忠实",但一般会排斥和批判翻译目的或意识形态导致的偏差,将其斥为"叛逆""不忠"。[3] "叛逆"在特定时期曾大量出现,究其原因一方面是因为各种翻译目的使然,另一方面则是因为"忠实"规范对当时翻译实践约束力不高。"忠实"管辖翻译全过程和全部翻译产品,敦促译者保证目标文本与源文本的相似性,[4] 属于翻译的起始规范。在特定时期,它对翻译实践的约束力取决于四个方面。当多数方面都限制"忠实"规范效力的发挥时,它在与翻译目的的冲突中就会处于不利地位。

第一,"忠实"的必要性和技术支持。翻译旨在让人们分享在探寻真理时所获得的知识,应该保证信息精准传达,所以"忠实"有很高的必要性。但是,从技术支持上看,翻译达不到完全"忠实"的要求。首先,翻译是译义,但对文本的不同解读常常共存,不同的阐释产生不同的意义,没有人可以声称获得文本的终极意义。其

---

[1] NORD C. Translating as a purposeful activity: functionalist approaches explained[M]. Shanghai: Shanghai Foreign Languages Education Press, 2001: 27.
[2] HERMANS T. Translation in systems: descriptive and system-oriented approaches explained [M]. Shanghai: Shanghai Foreign Languages Education Press, 2004: 78.
[3] 孙致礼. 翻译与叛逆[J]. 中国翻译, 2001, 22 (4): 18.
[4] 赫曼斯认为,"忠实"是敦促译者保证目标语篇与源语篇的相似性的规范。参见: HERMANS T. Translation in systems: descriptive and system-oriented approaches explained[M]. Shanghai: Shanghai Foreign Languages Education Press, 2004: 78.

次，文本是否有确定意义存在也受到解构主义的怀疑。[1] 最后，即使译者确切理解了文本的确定意义，符号体系之间差异也会使意义传达发生损耗。由此看来，"忠实"是"需求旺盛但供应不足"。

第二，"忠实"规范在社会文化场域的相对地位。忠实翻译意味着引入原文所负载的社会信息、文化规则和思想观念。而这些外来要素总是被目标文化视作"他者"，因为它们与本土观念规则有别，并且会在一定程度上挑战本土观念规则。所以，"忠实"规范通常会与目标语社会规范、文学规范和其他翻译规范发生矛盾。法国文学家雨果谈到这一现象时就指出："当你把一部翻译献给一个国家的时候，这个国家总是把这个翻译当成对它的一种暴力行为。"[2] 作为反应，目标语社会文化规范从一开始就对翻译活动进行了干预，正如许钧教授所言："每个有使命感的译者都会预先决定他的文化立场。"[3] 这种"使命感"其实就是目标文化的意识形态、社会和历史影响。费米尔对于这个问题看得更透彻。他说翻译意味着比较文化。译者根据他们自己对源文化的特定了解来阐释源文化的文化现象。[4] 因此，在某种程度上来说，"忠实"规范从一开始就受到了译入文化的压制，处于不利的地位。

第三，违反"忠实"规范付出的相对代价。违反不同的规范导致不同的代价。违反意识形态等社会规范的后果最为严重，可能导致译文作品禁止出版，译者禁止从事相关活动、承受精神压力甚至付出人身自由代价；违反文学规范可能导致翻译作品被排斥在文学

---

1 关于解构主义哲学对确定意义的怀疑，参见：DAVIS K. Deconstruction and translation [M]. Shanghai: Shanghai Foreign Languages Education Press, 2004: 15.
2 LEFEVERE A. Translation, history and culture: a source book [M]. Shanghai: Shanghai Foreign Languages Education Press, 2004: 14.
3 许均. 论翻译之选择 [J]. 外国语, 2002 (1): 66.
4 VERMEER H J. Skopos and commissions in translational action [M]//Translation Studies Reader. London: Routledge, 2000: 224.

系统之外；违反"忠实"规范仅仅导致人们对译者翻译能力产生批评或质疑，翻译作品仍有可能得到出版甚至受到欢迎，这种代价相对轻微。因此，"当语言方面的考虑与意识形态和成诗学方面的翻译考虑发生冲突的时候，后者总是胜出"。[1]

第四，"忠实"规范的情境制约性。"忠实"规范是翻译活动不可或缺的规范，不受具体情境制约。叛逆在具体的情境中可能是合理的，但情境发生改变时就会受到批判。叛逆产生的客观因素越具体，这个叛逆的合理性就越局限在一定的时空范围；造成叛逆的翻译目的越具体，那么它的应用范围也就越有限。翻译目的总是与具体情境相关，随着社会情境变动，当翻译目的不再适合社会需要，其所导致叛逆的合理性就下降，"忠实"规范的效力此时就显示出来。这可以解释为什么翻译史上许多成功但"不忠"的翻译后来都受到批判。

诗学和意识形态

目的论和规范论侧重在微观层面分析译者选择的制约因素，这在一定程度排斥社会机构或体制对翻译实践产生的宏观影响，"忽视了社会文化的大语境"。[2] 这些被忽视的"社会文化大语境"在文化学派学者勒菲弗尔和埃文—佐哈（I. Evan-zhoar）那里得到较为充分的讨论。

勒菲弗尔在《翻译、改写和对文学声名的制控》（*Translation, Rewriting and the Manipulation of Literary Fame*）一书中指出，在文学史上经常发生"改写"（rewriting）的现象。翻译承担着向另一种语

---

1 LEFEVERE A. Translation, rewriting and the manipulation of literary fame[M]. Shanghai: Shanghai Foreign Language Education Press, 2004: 39.
2 张南峰. 中西译学批评[M]. 北京：清华大学出版社，2004: 142.

言和文化输出文本，建构作品/作者形象和提升作品/作者形象地位的功能，是一种典型的改写活动。在理想情况下，除了语言符号载体不同外，翻译改写产生的成品应该与源文本基本一致。然而，翻译/改写发生在现实社会，不可避免受到语言之外社会文化因素的制约，在文学翻译领域尤其如此。这些制约因素主要包括两类：一类与作品的文学属性有关，即诗学；另一类与作品的社会属性有关，即意识形态。[1]

诗学与意识形态不像翻译目的和翻译规范那样直接作用于译者选择，而是通过设置目标文本在目标语多元文化系统中的位置和形态，潜在地制约和影响译者的选择。要追溯这种制约的实质和根源，首先要从"系统"说起。"系统"的概念源于20世纪初俄国形式主义文论，主要用于描述文学与文化之间有逻辑的、互动的关系。以色列比较文学学者埃文—佐哈（I. Evan-Zohar）采用该词对符号的聚合与运作方式进行描写。[2] 受到埃文—佐哈的影响，勒菲弗尔将"系统"作为一个中性、描述性的术语，认为系统是"相互关联的一系列要素，这些要素具有的若干共有特征区别于非本系统的其他元素"，文学系统是"对读者、作者和改写者所施加的一系列制约因素"。[3] 文学系统和其他系统共同组成社会文化"大系统"（complex system），文化和社会是文学系统的"环境"，文学系统是社会文化的"子系统"[4]。在勒菲弗尔看来，使文学系统维持稳定和边界的因素有二：一类在文学系统内部，表现为"专业意见"（professional），

---

1 LEFEVERE A. Translation, rewriting and the manipulation of literary fame [M]. Shanghai: Shanghai Foreign Language Education Press, 2004: 9; 赵春雨. 安德烈·勒菲弗尔翻译思想研究 [M]. 上海：上海交通大学出版社，2020: 95.
2 EVAN-ZOHAR I. Polysystem Theory [J]. Poetics Today, 1990, 11 (1): 9.
3 LEFEVERE A. Translation, rewriting and the manipulation of literary fame [M]. Shanghai: Shanghai Foreign Language Education Press, 2004: 12.
4 LEFEVERE A. Translation, rewriting and the manipulation of literary fame [M]. Shanghai: Shanghai Foreign Language Education Press, 2004: 14.

由批评家、审稿人、教师和译者等专业人士代表；另一类主要在文学系统外部，表现为"赞助制度"（patronage），即对文学作品的阅读、写作或改写发生促进或者阻碍作用的权力。"专业意见"和"赞助制度"会压制过于偏离主流意识形态和诗学的文学作品。"专业意见"侧重诗学方面，而赞助制度则侧重意识形态方面。[1]

诗学包含两类成分：一类是由文学机制、体裁、主体、原型人物、原型情境及象征组成的形式库（inventory），另一类是关于文学在整个社会系统中发挥何种功能的观念。诗学反映了文学系统初次"经典化"时期的主流形式机制和"文学功能观"，但它不是绝对常量，而是历史变量。文学系统中有主导的、过时的和新兴的诗学，文学系统中存在不同诗学的争斗[2]。改写（特别是翻译）是这种斗争的一种形式，人们在这样的争斗中采取何种姿态与意识形态立场相关。同样，在改写活动所构建的诗学中，也决定了哪些原文作品以及哪些改写形式是可以接受的。在翻译中，诗学是比语言更为重要的考虑因素。"在翻译过程的每一个层面，如果语言性质的考虑与意识形态性质或诗学性质的考虑（或者两者兼有）发生冲突，往往是后两者胜出。"[3]

关于翻译/改写在目标语诗学系统斗争占据的地位、翻译因此受到何种影响，以及译者如何采取策略，勒菲弗尔在《制控》一书中未作太深入的阐述，后来也未作进一步的探讨。不过，勒菲弗尔"改写论"的理论基础之一、埃文—佐哈的"多元系统论"倒是对

---

[1] 勒菲弗尔认为,赞助制度包括三个部分:（1）意识形态成分;（2）经济成分;（3）地位成分。赞助制度可以同时在三方面提出要求,也可以分别提出要求。这对于解释翻译规范的效力,似乎也有一定的启发性。
[2] LEFEVERE A. Translation, rewriting and the manipulation of literary fame [M]. Shanghai: Shanghai Foreign Language Education Press, 2004: 35.
[3] LEFEVERE A. Translation, rewriting and the manipulation of literary fame [M]. Shanghai: Shanghai Foreign Language Education Press, 2004: 39.

这个问题作了较深入的阐述。[1] 埃文—佐哈认为,文学系统是一个多元系统(polysystem),其中包含许多子系统,翻译文学是其中之一。多元系统不是单一、均质的,而是开放、多元的,各个子系统之间相互作用。[2] 多元系统的子系统分别占据中心或边缘的不同位置,彼此间不断争夺中心地位,边缘与中心间往复运动构成了多元系统的历时动态本质,斗争的结果则成为系统在某个共时维度的剖面[3]。文学系统之外还有个更大的文化多元系统,文学系统文化系统的组成部分,与文化系统其他组成部分之相互联系。[4] 翻译文学是文学多元系统中最为活跃的子系统,它可能占据不同地位:或中心或边缘,或创新/首要,或保守/次要。在三种情况下,翻译文学会处于中心地位,作为创新力量为文学形式库输入新的内容。这三种情况分别是:(a)某个多元系统尚未明确成型,即其文学还处于"年幼"、正在形成的阶段;(b)某种文学(在相互联系的各国文学中)处于"边缘"地位或者说影响薄弱,或者两者兼有;(c)某种文学发生转折、危机或文学真空的情况。[5]

将勒菲弗尔的改写说与埃文—佐哈的文学多元系统说结合起来,似乎可以得到这样的结论:翻译地位取决于目标语文学多元系统在特定时期的状态。这种状态决定翻译受到目标语主流诗学制约的程度,也决定译者通常采取的翻译策略:要么将国外文学的文学体裁

---

1 赵春雨.安德烈·勒菲弗尔翻译思想研究[M].上海:上海交通大学出版社,2020:38.
2 EVAN-ZOHAR I. Polysystem Theory[J]. Poetics Today, 1990, 11 (1):9-10.
3 EVAN-ZOHAR I. Polysystem Theory[J]. Poetics Today, 1990, 11 (1):12.
4 EVAN-ZOHAR I. Polysystem Theory[J]. Poetics Today, 1990, 11 (1):22-23. 香港岭南大学张南峰教授研究发现,埃文—佐哈在1997年版理论中删除了有关"文化系统"的论述,但1997年之后做了很多关于文化理论的研究。张南峰认为,"多元系统理论的精细版"中,"文化这个大多元系统,可视为由多个互相重叠、互相交叉的多元系统组成,例如政治、意识形态、经济、语言、文学、翻译等等"。参见:张南峰.中西译学批评[M].北京:清华大学出版社,2004:144,160;张南峰.多元系统翻译研究:理论、实践与回应[M].长沙:湖南人民出版社,2012:90-91.
5 EVAN-ZOHAR I. Position of translated literature within the literary polysystem[J]. Poetics Today, 1990, 11 (1):47.

和文学形式库引入目标语，为目标语文学多元系统重组提供不同选择，要么遵从目标语文学多元系统的主导诗学，模仿其文学体裁和文学形式库。中国翻译史的典型案例是拜伦叙事诗《哀希腊》（*The Isles of Greece*）的翻译。《哀希腊》是一首激励希腊人民反抗土耳其殖民统治的诗歌，因此清末有许多译者翻译此诗，梁启超将其翻译成元曲体，马君武译为七言律诗体，苏曼殊译成五言古诗体，胡适这位新文化运动主要人物也未能例外，翻译成楚辞体，但他们的选择没有跳出当时占主导地位的文言文诗学的窠臼。不过，翻译是否遵循特定时期的主导性诗学，与翻译目的之进步性和意识形态的性质并没有必然联系。相似的翻译目的也可能导致不同诗学选择。例如，严复希望译介西方社会科学理念，在诗学上却遵循先秦散文的文法。在他翻译《天演论》的时代，尽管清王朝统治已经摇摇欲坠，封建伦理思想变得千疮百孔，但文言文仍然是士大夫心中的主流诗学系统，国外的语言文学仍是蛮夷之道，普遍受到歧视。[1] 在这种情况下，要赢得传统士大夫的认同，就要在古典文学系统方面表现超卓的水平。虽然严复的翻译旨在引进西方人文思想，但为了让士大夫吞下这服苦药，也不得顺从传统诗学规范。与严复类似，鲁迅同样追求"别求新声于异邦"，但他的翻译策略却是吸纳欧洲的语言和诗学系统："我是至今主张'宁信而不顺'的……装进异样的句法去，古的，外省外府的，外国的，后来便可以据为己有……一面尽量的输入，一面尽量的消化、吸收，可用的传下去了，渣就听他剩落在过去里。"[2]

勒菲弗尔对意识形态制约因素则未做多少理论探讨，只是以《安妮日记》（*Diary of Anne Frank*）的英文版和德文版的出版为案

---

[1] 严复本人曾因学习外语而感叹说："当年误习旁行书,举世相视如髦蛮。"转引自:欧阳哲生.严复评传[M].南昌:百花洲文艺出版社,2015:16.
[2] 鲁迅.关于翻译的通信[M]//翻译论集.北京:商务印书馆,2008:275-276.

例,对意识形态的操纵做了实例分析[1]。这可能与意识形态概念的含义繁多有一定关系。[2]"意识形态"一词最先由18世纪法国经验论学者特拉西(D. de Tracy)杜撰,用于指称经验论中的"观念体系"。[3] 马克思和恩格斯在《德意志意识形态》书中使用"意识形态"一词时,主要指一种支配个人心理及社会集团心理的观念和表象体系,属于与科学相对的世界观念。根据马克思主义意识形态学说,"意识形态"是虚假的社会意识,"本质上是编造幻想,掩蔽社会现实的精神力量,是对社会现实的颠倒的、神秘的反映"。[4] 在关于"意识形态"进行论述的当代学者中,最有影响的是法国哲学家阿尔都塞(L. Althusser)。他认为,意识形态是"关于个体与其真实生存状况的想象关系的表征。"[5] 这意味着意识形态虽然是一种"想象"的观念体系,但是得到了物质性表达(语言表征),因而有其物质存在。[6] 意识形态通过询唤(interpellation)将作为个体的人变成主体,通过镜像结构实现小主体对意识形态所建构的大写主体的臣服,完成两者的相互认知。阿尔都塞认为,意识形态作为维持统治和保证生产关系再生产的手段,有各种各样的实体保障其运行,这些实体就是意识形态国家机器。意识形态国家机器主要包括:(1)

---

1 《安妮日记》是"二战"时期荷兰的犹太人女孩安妮·弗兰克记录自己和家庭战时生活情况的日记。20世纪50年代和80年代分别出版了英文版和德文版。在德文版出版前进行了修订,将安妮对德国人的观点和言论做了一些修订和润色。
2 英国马克思主义文论家伊格尔顿(T. Eagleton)曾做过梳理,迄今关于"意识形态"的定义多达近百种,且彼此间互不相容。仅他在《意识形态导论》书中列出的有影响力的说法就不下十余种。参见:EAGLETON T. Ideology: an introduction[M]. London & New York: Verso, 1991: 1-2.
3 俞吾金. 意识形态论:修订版[M]. 北京:人民出版社, 2009: 30.
4 俞吾金. 意识形态论:修订版[M]. 北京:人民出版社, 2009: 130-131.
5 ALTHUSSER L. Lenin and philosophy[M]. New York: Monthly Review Press, 1971: 162.
6 阿尔都塞的意识形态理论的"真实""想象"和"表征"借鉴了法国心理学家拉康(Jacque Lacan)的"真实界""想象界"和"象征界"主体发展学说。拉康认为,主体最终进入社会并成为"我"即"在社会秩序里占据一个位置",是通过能指的象征结构(即语言)完成的。参见:张一兵. 阿尔都塞:意识形态理论与拉康[J]. 学习与探索, 2002(4):1-5.

第4章 文化因素与翻译改写　165

家庭意识形态国家机器;(2)法律的意识形态国家机器;(3)政治的意识形态国家机器(政治系统,包括各个党派);(4)工会意识形态国家机器;(5)传播媒介意识形态国家机器(出版、广播、电视等);(6)文化的意识形态国家机器(文学、艺术、体育比赛等)。与监狱和军队等暴力国家机器不同的是,意识形态国家机器不是强制性的,它形式多样,表现为明显的散状系统,而且多数在私人领域(private domain)发挥作用。[1]

关于意识形态对翻译实践特别是文学翻译实践的影响和操纵,国内外已有诸多学者进行了深入的理论分析和细致的翻译史梳理。[2]总结学者们的研究成果可以发现,这种影响与操纵大致从两个方面发挥作用:一是启动、延缓或阻止某个翻译任务的发生和进行,促进或禁止翻译任务结果(译作)的发行或出版;二是在翻译过程中,对译者的选择进行影响和操纵。由于本书主要探讨对象是英汉语篇翻译,关注点在于语篇翻译过程的相关因素,故对第一种情况不做展开。关于意识形态对译者选择的影响和操纵,可以从译者的主体身份、意识形态的操纵机制、翻译选择的事项三个层面来进行考察。

从主体身份上看,译者具有双重身份。首先,译者是特定的社会群体(如国家、民族、某个社会集团或团体)的成员,必然暴露于该群体内各种意识形态国家机器(如家庭、宗教、媒体)的影响之下,参加有制可循的意识形态国家机器的实践,沿袭各种顺应世事的态度,经由意识形态询唤并通过小写主体/大写主体的相互认知完成从个体到主体的转变,学会各种"正确的行为方式"。这在很大程度上保证了译者对本群体意识形态的服从或认同;同时,译者又

---

1 ALTHUSSER L. Lenin and philosophy[M]. New York: Monthly Review Press, 1971: 143-144.
2 如:ADANAN K A. Aspects of ideology in translating literature[J]. Babel, 1999 (45): 1-16; 王东风. 一只看不见的手——论意识形态对翻译实践的操纵[J]. 中国翻译, 2003, 24 (5): 16-23; 查明建. 文化操纵与利用:意识形态与翻译文学经典的建构——以20世纪五六十年代中国的翻译文学为研究中心[J]. 中国比较文学, 2004, 55 (2): 86-102.

是翻译群体的成员,受到"专业意见"和"赞助制度"的制约(意识形态的制约通常经由后者施加),两者都涉及意识形态的审查。[1]无论是否完全接受赞助制度,译者都要考虑过于出格的翻译作品可能会受到压制,翻译结果得不到阅读和传播,导致自身遭受经济和地位利益受损的风险。翻译领域诸多译者处理相关问题的实践惯例,也在一定程度上起着"形塑译者主体"的作用。

从操纵机制上看,意识形态通过"内部正反馈"和"外部负反馈"维持对翻译的操纵。所谓内部正反馈,是译者作为特定群体成员和意识形态建构的主体,将其对意识形态的认知内化于个人行为方式并运用于具体翻译行为。在这种情况下,意识形态不干预翻译过程的进行,甚至加以鼓励和推进,由此形成译者的"惯习"。[2] 所谓外部负反馈,就是特定社会将"不挑战主流意识形态"作为文化生产的潜在规范,翻译行为如果严重违反这一规范,会受到翻译场域之外的维护意识形态权威的机构和制度的惩罚,后者借此显示违反意识形态规范需要承担的后果和付出的代价,从而遏制翻译行为与主流意识形态的冲突。[3] 当然,意识形态并非总是制约和阻止译者做出某些选择,它有时也推动译者作出某些选择。"特定的改写是受意识形态动机激励,还是受意识形态制约因素的限制,取决于改写者自身是认同当时占主导地位的意识形态,还是不认同这种意识形

---

1 LEFEVERE A. Translation, rewriting and the manipulation of literary fame [M]. Shanghai: Shanghai Foreign Language Education Press, 2004: 16.
2 法国社会学家布迪厄的"文化再生产"理论认为,行为者会根据自己的文化资本,以及他在本场域内竞争中所处的地位来作出相应的选择,并且会将场域内的文化实践内化为自己的惯习。参见:戴维·斯沃茨.文化与权力:布尔迪厄的文化社会学[M].陶东风,译.上海:上海译文出版社,2012:123.赞助制度对译者选择的影响也是与此类似。
3 布迪厄认为,考察文化生产,不仅要看本场域内的相关行为者和因素,更根本的是在该场域上位的更大的场域,以及其中的权力关系。参见:戴维·斯沃茨.文化与权力:布尔迪厄的文化社会学[M].陶东风,译.上海:上海译文出版社,2012:162.

态。诗学的情况也是如此。"[1]

从翻译选择事项上看，译者不仅要"择当译之本"和"选择文化立场"，还要考虑"翻译什么"即传达什么"文本意义"。[2]"文本意义"的传达是需要译者进行选择最多的因素，因为文学作品等文本不仅在内容上包含意识形态元素（包括一般意识形态和作家意识形态），其使用的语言和采用的文学形式也隐含着意识形态元素。[3] 面对原文的意识形态元素，译者可能采取行为的选项很多，但大致是以下几类方法在类型和程度上的组合：一是消除源文本的意识形态内容；二是再现源文本意识形态内容，同时进行评论或表达目标语社会的意识形态立场；三是用目标文化的意识形态去替代源文本的意识形态内容；四是替换源文本意识形态的语言或形式载体。[4] 意识形态不仅操纵译者处理源文本的意识形态内容，还可能操纵译者有意地生产、编造和宣扬某些意识形态内容。[5]

---

[1] LEFEVERE A. Translation, rewriting and the manipulation of literary fame[M]. Shanghai: Shanghai Foreign Language Education Press, 2004: 7.
[2] 许钧. 论翻译之选择[J]. 外国语, 2002（1）: 62-69.
[3] 首先,语言是意识形态存在的物质载体,从根本上与意识形态密不可分,文学作品作为由语言建构的语篇,不可避免带有意识形态的元素。马克思曾指出："'精神'从一开始就很倒霉,注定要受物质的纠缠,物质在这里表现为震动着的空气层、声音,简言之,即语言"。参见: 马克思,恩格斯. 德意志意识形态[M]马克思恩格斯全集: 第三卷. 中共中央马恩列斯著作编译局,译. 北京: 人民出版社, 1956: 11-640/34. 其次,文学形式并非自由、独立的,而是社会生产方式在文学叙事中非表达。美国新马克思主义文论家詹姆逊（F. Jameson）认为,文学审美和叙事的形式生产是一种自身独立的意识形态行为,必然在文学文本的符号系统中留下意识形态的象征性信息,即"形式意识形态"（ideology of form）,内在的、纯粹的形式结构应被阐释为社会在形式和审美结构内部的象征性表达。参见: JAMESON F. The political unconscious: narrative as socially symbolic act[M]. Ithaca: Cornell University Press, 1981: 77-79; JAMESON F. The ideology of the text[J]. Salmagundi, 1975/1976（31/32）: 204-246.
[4] 参见: 罗选民. 翻译与中国现代性[M]. 北京: 清华大学出版社, 2017: 21-24.
[5] 对于这种情况,国内译学界一般称为"翻译的政治",目前已有深入的分析讨论和丰富的研究成果。主要论著有: VENUTI L. Rethinking translation: discourse, subjectivity, ideology[M]. London and New York: Routledge, 1992; SIMON S. Gender in translation: cultural identity and the politics of transmission[M]. London and New York: Routledge, 1996; ROBINSON D. Translation and empire: postcolonial theories explained[M]. （转下页注）

通观以上梳理，可以看出，勒菲弗尔和埃文—佐哈等对诗学和意识形态的操纵规律做了宏观归纳，但对于具体翻译的取舍这一微观问题谈论不多。其他学者的论述似乎默认译者不会严重地挑战目标文化的主流诗学和意识形态，而是在遵从目标语规范与充分保持源文本内容两者之间达成一定程度的平衡。这样的判断包含三个潜在的前提：其一，主流意识形态和主流诗学都是自洽的观念体系，其中没有相互矛盾的要求和观点；其二，意识形态和诗学这两个体系彼此互不干涉，不会因为"选取"某一方面而"舍弃"另一个方面；其三，译者属于目标文化群体，其翻译的文本要输入自己所属群体，译者会因避免群体权威的惩罚而放弃挑战目标语诗学和意识形态。实际情况可能比此要复杂。笔者以为，诗学和意识形态在影响行为个体选择方面，大体通过"规范"的方式发挥功能。[1] 诗学和意识形态能否操纵译者选择，取决于规范与目的之间、各种规范之间的互动，以及译者承受代价的意愿等因素。以下情形是一些"有违常规"的情况：其一，在社会转型或文学转型展开之前，已有译者了解异域的政治、经济、文化思想或文学体裁、创作技巧和语言表达方式，并期待通过译介异域的作品来唤起和促进转型的发生，因而放任译文对当时主流的意识形态或诗学的挑战，如严复的《天演论》和梁启超的《十五小豪杰》；[2] 其二，译者可能为了意识形态的挑战而有意遵从主流诗学，如《天演论》，或者为了引进新的诗学

（接上页注）Manchester: St Jerome, 1997; VON FLOTOW L. Translation and gender: translating in the "Era of Feminism" [M]. Manchester: St. Jerome Publishing, 1997; 谢天振. 当代国外翻译理论导读[M]. 天津：南开大学出版社, 2008: 439-529; 费小平. 翻译的政治——翻译研究与文化研究[M]. 中国社会科学出版社, 2005. 翻译政治研究的代表性领域如后殖民翻译、女性主义翻译等，参见：潘学权. 无声的另一面：食人主义与翻译研究[J]. 北京第二外国语学院学报, 2003 (4): 47; SIMON S. Gender in translation: cultural identity and the politics of transmission[M]. London and New York: Routledge, 1996: 8.

1 勒菲弗尔认为诗学"其实属于图里再三谈论的翻译规范"，但他对意识形态则谈论不多。参见：张南峰. 中西译学批评[M]. 北京：清华大学出版社, 2004: 149.
2 参见：罗选民. 翻译与中国现代性[M]. 北京：清华大学出版社, 2017: 21-24.

样式而避免意识形态的冒犯，如林纾的《巴黎茶花女遗事》[1]；其三，译者可能处于源文本的文化群体，其翻译的目的之一就是与目标语社会的意识形态进行论战，如各种翻译的国家行为。这些复杂的情况有待进一步探讨。

在本章讨论即将结束之际，我们以中国翻译史的扛鼎之作《天演论》为对象，就目的、规范、诗学、意识形态等文化因素对翻译改写的影响展开案例分析。

《天演论》是严复1896年开始翻译、1898年仲夏出版的译作。该书出版后立即引起社会各界关注，成为广大知识分子的重要精神食粮。一时间，报章中充斥着"物竞""天择"等文字，许多士人或者撰文介绍天演思想，或者以"优胜劣汰"佐证文章立论。[2] 对于《天演论》在中国近代史的影响，日本学者稻叶君山所著《清代全史》书中有这么一段话："《天演论》发挥适者生存，弱肉强食之说，四方读书之子争购此新著。却当1896年中日战争之后，人人胸中抱一眇者不忘视，跛者不忘履之观念。若以近代之革新，为起端于1895之侯，则《天演论》者，正溯此思潮之源头，而注以活水也。"[3] 然而，翻译界对《天演论》却毁誉参半。很多学者批评严复的译文太"雅"而"不信"。前者代表是梁启超，他认为严复的译文太过渊雅，故所宣扬思想不易为一般学童或"国民"所了解。[4] 批评严复"不信"的人很多，其中最厉害的是傅斯年，他说："严

---

1 林纾翻译《巴黎茶花女遗事》时，将小仲马原著一大段话（现代译本九百余字）简略成下面短短一段："昔有名娼年老，只有一女名鲁意子，其艳丽不减其母。少时其母乃诲之淫，教之诒，鲁意子若习为其艺者，不知其耻也。女接所欢，始，而其母下之，遂病。"林纾省略女子未婚流产的情节，就是为了避免"诲淫诲盗"的意识形态风险。参见：吴南松.功能翻译理论及其在文学翻译批评中的适用性[J]. 解放军外国语学院学报, 2003（3）：72.
2 林京榕. 浅谈严复的译著《天演论》[J]. 东南学术, 1998（3）：55.
3 转引自：贺麟. 严复的翻译[M]//翻译论集. 北京：商务印书馆, 2008：160.
4 黄克武. 严复的翻译：近百年来中西学者的评论[J]. 东南学术, 1998（4）：89.

几道先生那种'达旨'的方法，实在不可为训，势必'改旨'而后已。"[1]

《天演论》实际上是什么样子？严复说"题曰达旨，不云笔译"。这应该是实话。他以"达旨"之法对原文做了大量改变，不仅对原文《进化与伦理》（*Evolution and Ethics*）的伦理学部分进行删减，也对进化论进行一定的修正。译文不再是原来的进化论，而是"严氏的进化论"。[2] 因此，《天演论》与原文之间的相似度确实有限，"不信"的地方很多。对于书中的不信现象，有学者认为是严复对西学的了解有问题。如钱锺书先生曾认为严译文字还行，意思没弄明白。他说："几道本乏深湛之思，治西学亦求卑之无甚高论者如斯宾塞、穆勒、赫胥黎辈，所译之书理不胜词，乃识趣所囿也。"[3] 不过，大部分学者认为《天演论》的不信，原因在于当时的社会环境和严复的翻译目的。

《天演论》翻译时正当甲午战争清朝战败，民族危机深重之时。翻译此书前严复已发表《辟韩》《原强》等一系列文章，表达开民智，求富强的思想。《天演论》正是这一思想的延续，目的就是传播斯宾塞的社会达尔文思想，用"物竞天择，适者生存"的思想令"读焉者怵焉思变"，唤起民众"自强保种"的精神。美国历史学家史华兹（B. Schwartz）在《寻求富强——严复与西方》（*In Search of Wealth and Power: Yen Fu and the West*）一书中说道：

> 严复选择赫胥黎的《进化与伦理》作为原本（尽管该书与严复本人要传达的信息并不一致）——是因为本书中内嵌着关于达尔文

---

1 傅斯年.译书感言[M]//翻译论集.北京：商务印书馆，2008：366.
2 王东风.一只看不见的手——论意识形态对翻译实践的操纵[J].中国翻译，2003，24（5）：20.
3 钱钟书.谈艺录[M].北京：中华书局，1984：24.

主义的主要宗旨的简短、生动和几乎是诗意般的描述。由此出发描绘出全世界一致性的历史发展的广阔面貌，可以纠正国内知识界关于西夷与中国人之间存在实质性鸿沟的看法。[1]

严复的翻译具有很强的目的性和功利性。他的重点是社会启蒙，因此目标读者群选定为清末的封建知识分子。这是因为"最能影响当时风气的读书人是士大夫阶层，不是普通国民。要普及民众，必须先普及士大夫阶层，才能先提高学术翻译的地位，最终达到传播文明思想于国民的目的"。[2] 而要征服封建士大夫，首先必须要在一定程度上符合他们的社会、文化和审美意识规范，然后再进行启蒙。严复的主要目的是将西方思想引进到中国。他要"用异域的意识形态来颠覆中国当时的封建意识形态，唤起知识分子的革命和民主意识"。[3] 由于西方意识形态与士大夫的思想冲突。要向士大夫们宣扬这种思想，就要在形式和次要内容方面作出妥协，使他们易于并乐于接受。

因此，译文首先在形式上必须符合当时的语言和文学规范。中国古代政论学术文体大体为文言散文，白话文只是偶尔见用。虽然清末"新文体"兴起，但仍受士大夫阶层排斥，并未取得主流文学规范的地位，当时的主流规范仍然是文言散文。[4] 为了让老夫子们阅读时不觉得吃力，严复在形式上尽量采用了与中国古代史书、说部相类似的体裁，文字力求尔雅流畅，"骎骎乎与晚周诸子相上下"，

---

1 SCHWARTZ B. In search of wealth and power: Yen Fu and the West[M]. London and Cambridge: Belknap Press of Harvard University Press, 1983: 101.
2 穆诗雄. 翻译标准与翻译目的、对象和语篇类型——重温严复的译论[J]. 外语与外语教学, 2001 (5): 52.
3 王东风. 一只看不见的手——论意识形态对翻译实践的操纵[J]. 中国翻译, 2003, 24 (5): 20.
4 朱文华. 关于晚清新文体的"恶评"问题及其他[J]. 江淮论坛, 2001 (4): 102.

果然让译文在士大夫心中取得极高地位。

其次是内容的调整。译文内容调整部分是对当时社会规范作出妥协，但也有部分是翻译目的使然。按照作用的不同，这些"不信"可以分为解释性叛逆、调和性叛逆和意识形态篡改叛逆。

原著中许多喻例不为中国读者所熟悉。如果直译，读者会一时不知所云。因此严复把它们换成了士大夫们熟悉的中国人事来解释文章观点。如《导言八》中，赫胥黎说人类社会不能自我选择，正如白鸽不能当自己的养鸽人一样，见例4.1。

例4.1：

[...] a considerable proportion appear to me to be based upon the notion that human society is competent to furnish from its own resources an administrator of the kind I have imagined. The pigeons, in short, are to be their Sir John Sebright. [1]

严复用两个中国人物代替读者不熟悉的施伯莱爵士（Sir John Sebright）。

译文

今乃以人择人，此何异上林之羊欲自为卜式，汧渭之马欲自为伯翳，多见其不自量也已。案：原文用白鸽欲自为施白来。施，英人中最善蓄鸽者也，易为中事。[2]

类似例子中，此般人事大多换成了中人中事。不过严复换例后

---

[1] HUXLEY T H. Evolution and ethics and other essays [M]. London: Kessinger Publishing, 1893: 22.
[2] 王栻. 严复集: 第五卷 [M]. 北京: 中华书局, 1986: 1342.

都作了说明：原有例子如何如何，只为读者诸君更好地了解原文，换成了大家熟悉的这般这般。

另一类变化是对外国人事增加词句解释。如对原文中的哈姆雷特（Hamlet），译文添加文字解释道："罕姆勒特，孝子也，乃以父雠之故，不得不杀其季父，辱其亲母，而自剚刃于胸。"[1] 这些背景在原书是不必解释的，但在译文中就需要加以说明。此类增删可以使读者深入了解原文内容，方便阅读，因此属于解释性"不信"或叛逆。这种解释性叛逆增加了读者的知识，缩小了读者与文章之间的距离。文章因此更易理解，也更"达"。从一定意义上来说，"达"不仅是要通顺，更要使读者了解。

严复另一种为人指摘的"不信"是用中国古代术语概念翻译和解释西洋术语。如他将"cosmic process"（宇宙进程）译为"天演"，将"sympathetic"（同情）译为"善相感"等。张君劢曾批评严复"以古今习用之语译西方科学之义理，文字虽美而义转歧混"。他举例说：

> 如译 space（空间）为宇，time（时间）为宙是已。夫谓 infinitive space（无限之空间）、infinitive time（无限之时间）曰宇曰宙可矣。至于一孔之隙，一弹指之间，何莫非空间时间乎。空间时间概念足以该宇宙，而宇宙之概念不足以该空间时间。[2]

严复书中另有17处此类例子，而且他还以"顾吾古人所得往往先之"为此作辩，表示这些概念与中国古代概念同理，因此被人指责为"牵强附会"。这些"不信"又该如何解释呢？这是因为严复

---

[1] 王栻.严复集:第五卷[M].北京:中华书局,1986:1369.
[2] 黄克武.严复的翻译:近百年来中西学者的评论[J].东南学术,1998（4）:89.

翻译的西方民主思想与封建意识形态并不相容，宣扬这些思想就违反当时社会规范。清朝的意识形态在哲学上以程朱理学为骨干，伦理上以"君尊臣卑"和"华夷之辨"为核心。在1898年朝廷下诏《诏定国是》谕示"中体西用"前，统治阶层始终对西方的思想持排斥态度，认为向西方学习会"以夷变夏"，有违先贤教化。[1] 另一些开明的知识分子为宣传西方思想则不得不"曲线救国"，尽力试图证明西方所有的技术、文艺、学术和政体皆系中国古代所传。此等思潮以康有为为代表，影响甚大。严复对此深有了解，他不同意康氏之论，但翻译时必须加以考虑。[2] 因此，严复用此"下策"，也是合理之举。经过严复用本土价值"调和与改写"后的西方价值观，才不会造成两种格格不入的政治观念的冲突。"一个完全异质的外来思想，初来乍到本土，如果不向本土的意识形态妥协，是很难立足的。"[3]

第三种叛逆则是为了"走私"一些严复自己的观点。严复对原文作了大量的删减、篡改和借题发挥。这是严复本人自强保种的政治观点的反映。他这么做正是想把社会达尔文主义译介进来，帮助他向国民发出警告："物竞天择，适者生存的规律也适用于人类社会，中国若不奋起，便有亡国之危。"[4] 因为把社会启蒙和"自强保种"作为翻译目的，严复在很大程度上偏向斯宾塞而非赫胥黎的观点。故相较原文，译文时而观点相左，时而借题发挥。如，赫胥黎认为自然状态下没有公正可言，译者则借此发挥，指出天地间根本没有高高在上的主宰，也不存在"君权神授"的根据，见例4.2。

---

1 郝晏荣."中体西用"与晚清意识形态[J].河北学刊,1998（3）:97.
2 欧阳哲生.严复评传[M].南昌:百花洲文艺出版社,2015:174.
3 王东风.一只看不见的手——论意识形态对翻译实践的操纵[J].中国翻译,2003,24（5）:21.
4 王克非.论严复《天演论》的翻译[J].中国翻译,1992,13（3）:7.

例 4.2

[If there is one thing plainer than another, it is that neither the pleasure nor the pain of life, in the merely animal world, is according to desert.] ... Greek and Semite and Indian agreed upon this subject. The book of Job is at one with the "Works and Days" and the Buddhist sutras; the Psalmist and the Preacher of Israel, with the Tragic Poets of Greece. [1]

译文

呜呼！彼苍之愦愦，印度、额里思、斯迈特三土之民，知之审矣。乔达摩悉昙之章，《旧约·约伯之记》与鄂谟或作贺麻，希腊古诗人。之所哀歌，其言天之不弔，何相似也。大水溢，火山流，饥馑厉疫之时行，计其所戕，虽桀纣所为，方之蔑尔！是岂尽恶，而祸之所应加者哉？[2]

因为"信"（或者说"忠实"）受到语言结构的制约，所以严复也就用这一技术原因来为自己辩护。严复翻译采用的是文言文，还没有西化。当时汉英两种语言之间差异巨大，要在中西语言结构层面上做到"信"困难极大。因此，严复就在《译例言》中表明他只是将大概意思表达出来："题曰达旨，不云笔译，取便发挥，实非正法。"并以中西文字的巨大差别来为自己辩护："西文句中名物事，多随举随释，如中文之旁支，后乃遥接前言，足意成句。故西文句法，少则二三字，多者数十百言，假令仿此为译，则恐必不可通。"[3] 以客观困难作解释，显然可以减轻译者不少责任。至于内容的诸般不信，严复始终不做说明。直到十年后（1908 年）《名学浅说·译

---

1 HUXLEY T H. Evolution and ethics and other essays [M]. London: Kessinger Publishing, 1893:58-59.
2 王栻.严复集:第五卷[M].北京:中华书局,1986:1369.
3 王栻.严复集:第五卷[M].北京:中华书局,1986:1321.

者自序》出版,他才微述其意:"盖吾之为书,取足喻人而已,谨合原文与否,所不论也。"[1] 或许吴汝伦老夫子对严复的理解,对我们认识《天演论》有所启发:"此执事忠愤所发,特借赫胥黎之书,用为主文谲谏之资而已。必绳以舌人之法,固执事所不乐居,亦大失述作之深旨。"[2]

结　语

　　翻译同时拥有具体翻译行为、一般翻译行为和一般社会行为等三重属性。作为具体翻译行为,翻译受到翻译目的的影响;作为一般翻译行为,翻译受到翻译规范的制约;作为一般社会行为,翻译受到包括诗学和意识形态等社会文化因素的操纵。在微观层面,译者通常从翻译目的出发,权衡遵从何种规范,比较违反不同规范可能遭致的制裁和付出的代价,最终作出理性和恰当的翻译选择行为。在宏观层面,译者往往根据翻译作品在目标语诗学场域斗争中的位置,选择异化或者归化的翻译策略,对源文本的意识形态元素进行处理,同时又向目标文本注入意识形态元素。一方面,内化于译者主体身份中的意识形态潜移默化地影响译者的翻译行为,形成翻译惯习并无形中影响翻译的目的;另一方面,社会规范总是对挑战主流意识形态的翻译行为进行制裁,持主流意识形态在翻译场域的权威。以上文化因素之间相互作用,共同影响译者选择,经过文化因素操纵和改写才能形成目标文本的最终面貌。

1　严复.《名学浅说》译者自序(1908)[M]//翻译论集.北京:商务印书馆,2008:145-146.
2　吴汝纶.《天演论》序[M]//严复集:第五卷.北京:中华书局,1986:1318.

参考文献

[1] ADANAN K A. Aspects of ideology in translating literature[J]. Babel, 1999(45): 1 – 16.

[2] ALTHUSSER L. Lenin and philosophy[M]. New York: Monthly Review Press, 1971.

[3] BAKER M. In other words: a coursebook on translation[M]. London and New York: Routledge, 1992.

[4] BERMAN A. Translation and the trial of the foreign[M]//Translation Studies Reader. London & New York: Routledge, 2012.

[5] DAVIS K. Deconstruction and translation[M]. Shanghai: Shanghai Foreign Languages Education Press, 2004.

[6] DE BEAUGRANDE R A., DRESSLER W. An introduction to text-linguistics[M]. London & New York: Longman, 1981.

[7] DRAGSTED B. Segmentation in translation and translation memory systems: an empirical investigation of cognitive segmentation and effects of integrating a TM system into the translation process[M]. Copenhagen: Samfundslit Teratur, 2004.

[8] EAGLETON T. Ideology: an introduction[M]. London & New York: Verso, 1991.

[9] EVAN-ZOHAR I. Polysystem Theory[J]. Poetics Today, 1990, 11(1): 9 – 26.

[10] EVAN-ZOHAR I. Position of translated literature within the literary polysystem[J]. Poetics Today, 1990, 11(1): 45 – 52.

[11] GUTT E A. Translation and relevance: cognition and context[M]. Shanghai: Shanghai Foreign Language Education Press, 2004.

[12] HALLIDAY M A K. An introduction to functional grammar[M]. Beijing: Foreign Language Teaching and Research Press, 2000.

[13] HALLIDAY M A K. An introduction to functional grammar: 3rd Edition[M]. Beijing: Foreign Language Teaching and Research Press, 2008.

[14] HALLIDAY M A K, HASAN R. Language, context and text: aspects of language in a socialsemiotic perspective[M]. Oxford: Oxford University Press, 1989.

[15] HALLIDAY M A K, HASAN R. 英语的衔接[M]. 张德禄, 等, 译. 北京: 外语教学与研究出版社, 2007.

[16] HATIM B. Across-cultural communication: translation theory and contrastive text linguistics[M]. Shanghai: Shanghai Foreign Language Education Press, 2001.

[17] HATIM B, MASON I. The Translator as Communicator[M]. London & New York: Routledge, 1997.

[18] HATIM B, MASON I. Discourse and the translator[M]. Shanghai: Shanghai Foreign Language Education Press, 2001.

[19] HATIM B, MASON I. 话语与译者[M]. 王文斌, 译. 王克非, 校. 北京: 外语教学与研究出版社, 2005.

[20] HERMANS T. Norms and the determination of translation: a theoretical framework[M]//Translation, power, subversion. Clevedon: Multilingual Matters, 1996: 25 – 51.

[21] HERMANS T. Translation in systems: descriptive and system-oriented approaches explained[M]. Shanghai: Shanghai Foreign Languages Education Press, 2004.

[22] HERMANS T. Translational norms and correct translation[M]//Translation studies: the state of the art. Amsterdam: Rodopi, 1991.

[23] HOLMES J. Translated! papers on literary and translation studies [M]. Beijing: Foreign Language Teaching and Research Press, 2007.

[24] HOUSE, J. Translation quality assessment: a model revised[M]. Tubingen: Gunter Narr Verlag, 1997.

[25] JAMESON F. The ideology of the text[J]. Salmagundi, 1975/1976 (31/32): 204 – 246.

[26] JAMESON F. The political unconscious: narrative as socially symbolic act[M]. Ithaca: Cornell University Press, 1981.

[27] JOHNSON S. Life of Addison, 1672 – 1719[EB/OL]. http://web.mnstate.edu/gracyk/courses/web%20publishing/Johnson'sLife.htm.

[28] KAPLAN R B. Contrastive grammar: teaching composition to the Chinese students [J]. Journal of English as a second language, 1968, 3(1): 1 – 13.

[29] KENNY D. Equivalence[M]//Routledge encyclopedia of translation studies. London and New York: Routledge, 1998.

[30] KIRALY D. Pathways to translation: pedagogy and process[M]. Kent: Kent State University Press, 1995.

[31] LEFEVERE A. Translation, history and culture: a source book

[M]. Shanghai: Shanghai Foreign Languages Education Press, 2004.

[32] LEFEVERE A. Translation, rewriting and the manipulation of literary fame[M]. Shanghai: Shanghai Foreign Language Education Press, 2004.

[33] LUO G. San Guo, or Romance of Three Kingdom[EB/OL]. BREWITT-TAYLOR C H, KHANG N. http://threekingdoms.com. [Sep. 7th, 2020].

[34] LUXUN. Kong I-Chi[M]//中华翻译代表性文库: 杨宪益、戴乃迭卷. 杭州: 浙江大学出版社, 2020.

[35] MASON I. Communicative/functional approaches[M]//Routledge encyclopedia of translation studies. London and New York: Routledge, 1998.

[36] NEWMARK P. A textbook for translation[M]. Shanghai: Shanghai Foreign Language Education Press, 2001.

[37] NISBETT R. The geography of Thought: How Asians and Westerners think differently.and why[M]. New York: Free Press, 2004.

[38] NORD C. Text analysis in translation[M]. Amsterdam: Rodopi, 2006.

[39] NORD C. Translating as a purposeful activity: functionalist approaches explained[M]. Shanghai: Shanghai Foreign Languages Education Press, 2001.

[40] NORTON R. A comparison of thinking and writing patterns in Korea and the United States[J]. A. F. S. Occasional Papers, 1987 (12): 1 - 23.

[41] REISS K. Translation criticism: the potentials & limitations[M]. RODES E F. Shanghai: Shanghai Foreign Language Education

Press, 2001.

［42］ REISS K. Type, kind and individuality of text: decision making in translation［M］//Translation Studies Reader. London and New York: Routledge, 2012.

［43］ ROBINSON D. Translation and empire: postcolonial theories explained［M］. Manchester: St Jerome, 1997.

［44］ SAGER J C. Text types and translation［M］//Text typology and translation. Amsterdam and Philadelphia: John Benjamins Publishing Company, 1997.

［45］ SCHAFFNER C, KELLY-HOLMES H. Cultural functions of translation［M］. Clevedon, Toronto and Adelaide: Multi-lingual Matters Ltd, 1995.

［46］ SCHWARTZ B. In search of wealth and power: Yen Fu and the West［M］. London and Cambridge: Belknap Press of Harvard University Press, 1983.

［47］ SIMON S. Gender in translation: cultural identity and the politics of transmission［M］. London and New York: Routledge, 1996.

［48］ SNELL-HORNBY M. Translation studies: an integrated approach［M］. Shanghai: Shanghai Foreign Language Education Press, 2001.

［49］ TOURY G. Descriptive translation studies and beyond［M］. Shanghai: Shanghai Foreign Languages Education Press, 2001.

［50］ TOURY G. In search of a theory of translation［M］. Tel Aviv: Porter Institute, 1980.

［51］ TROSBORG A. Text typology: register, genre and text type［M］//Text Typology and Translation. Shanghai: Shanghai Foreign Language Education Press, 2012.

［52］ VENUTI L. Rethinking translation: discourse, subjectivity, ideology[M]. London and New York: Routledge, 1992.

[53] VERMEER H J. Skopos and commissions in translational action[M]//Translation Studies Reader. London: Routledge, 2000.

[54] VON FLOTOW L. Translation and gender: translating in the "Era of Feminism"[M]. Manchester: St. Jerome Publishing, 1997.

[55] WILSS W. The science of translation: problems and methods[M]. Shanghai: Shanghai Foreign Language Education Press, 2001.

[56] Zong Baihua. What Gothe's life reveals to us[J]. 黄焕猷,译. 中国翻译,2001,22(6):67-68.

[57] 查明建. 文化操纵与利用:意识形态与翻译文学经典的建构——以20世纪五六十年代中国的翻译文学为研究中心[J]. 中国比较文学,2004,55(2):86-102.

[58] 陈宏薇. 汉英翻译基础[M]. 上海:上海外语教育出版社,1998.

[59] 陈琳. 语篇类型与翻译策略关系研究[J]. 求索,2004(9):190-191.

[60] 储泽祥. 小句是汉语语法基本的动态单位[J]. 汉语学报,2004(2):48-55.

[61] 辞海编辑委员会. 辞海[Z]. 上海:上海辞书出版社,1999.

[62] 恩格斯. 卡尔·马克思的葬仪[M]//马克思恩格斯全集:第19卷. 中共中央马恩列斯著作编译局,译. 北京:人民出版社,1963.

[63] 范祥涛. 描写译学中的描写对象和描写方式[J]. 外国语,2004(4):60-67.

[64] 方丽青. ESL作文中的修辞模式表现类型研究[J]. 外国语,2005(1):48-52.

[65] 方琰. 论汉语小句复合体的主位[J]. 外语研究,2001(3):56-58.

[66] 费小平. 翻译的政治——翻译研究与文化研究[M]. 中国社会科

学出版社,2005.

[67] 傅斯年.译书感言[M]//翻译论集.北京:商务印书馆,2008.

[68] 郭著章,等.英汉互译实用教程[M].武汉:武汉大学出版社,2010.

[69] 郝晏荣."中体西用"与晚清意识形态[J].河北学刊,1998(3):94-98.

[70] 何明珠.英语无动词小句的理解与翻译[J].西安外国语学院学报,2000(3):59-63.

[71] 贺麟.严复的翻译[M]//翻译论集.北京:商务印书馆,2008.

[72] 胡壮麟.新编语篇的衔接与连贯[M].上海:华东师范大学出版社,2018.

[73] 胡明亮.语篇衔接与翻译[M].成都:巴蜀书社,2007.

[74] 黄克武.严复的翻译:近百年来中西学者的评论[J].东南学术,1998(4):88-95.

[75] 黄忠廉.小句中枢全译说[M].武汉:华中师范大学出版社,2008.

[76] 科尔曼,詹姆斯.社会理论的基础[M].邓方,译.北京:社会科学文献出版社,2008.

[77] 克里斯蒂娃,茱莉亚.符号学——符义分析探索集[M].史忠义,等,译.上海:复旦大学出版社,2015.

[78] 克里斯特尔,戴维.现代语言学词典:第四版[M].沈家煊,译.北京:商务印书馆,2000.

[79] 勒代雷.释意学派口笔译理论[M].北京:中国对外出版公司,2001.

[80] 李春蓉.语篇回指对比与翻译研究[M].成都:四川大学出版社,2015.

[81] 李健.文学语篇翻译的多维研究[M].长春:东北师范大学出版

社,2017.

[82] 李明.商务英语翻译:修订版[M].北京:高等教育出版社,2011.

[83] 李先进.语篇衔接连贯与翻译策略研究[M].长沙:国防科技大学出版社,2013.

[84] 李运兴.语篇翻译引论[M].北京:中国对外翻译出版公司,2011.

[85] 利奇,杰弗里.语义学[M].李瑞华,等,译.上海:上海外语教育出版社,1987.

[86] 连淑能.英汉对比研究:增订本[M].北京:高等教育出版社,2010.

[87] 梁萍.语篇翻译中的文化研究[M].北京:九州出版社,2021.

[88] 林京榕.浅谈严复的译著《天演论》[J].东南学术,1998(3):55-58.

[89] 林跃武,林长洋.阐释学视域下的典籍翻译研究——以《三国演义》译本为例[J].东北师大学报,2012(4):152-155.

[90] 刘丹青.语法调查研究手册[M].上海:上海教育出版社,2017.

[91] 刘礼进.英汉语篇与语法问题研究[M].广州:中山大学出版社,2010.

[92] 刘士聪,余东.试论以主/述位作翻译单位[J].外国语,2000(3):61-66.

[93] 鲁迅.关于翻译的通信[M]//翻译论集.北京:商务印书馆,2008.

[94] 罗贯中.三国演义:汉英对照[M].罗慕士,译.北京:外文出版社,2000.

[95] 罗选民.论翻译的转换单位[J].外语教学与研究,1992(4):32-37.

[96] 罗选民.翻译与中国现代性[M].北京:清华大学出版社,2017.

[97] 罗选民,等.话语分析的英汉语比较研究[M].长沙:湖南人民出

版社,2001.

[98] 吕瑞昌,等.汉英翻译教程[M].西安:陕西人民出版社,1982.

[99] 吕叔湘.汉语语法分析问题[M].北京:商务印书馆,1979.

[100] 吕叔湘.吕叔湘全集:第四卷[M].沈阳:辽宁教育出版社,2002.

[101] 吕叔湘.中国人学英语[M].北京:中国社会科学出版社,2005.

[102] 马克思,恩格斯.德意志意识形态[M]//马克思恩格斯全集:第3卷.中共中央马恩列斯著作编译局,译.北京:人民出版社,1956.

[103] 莫爱屏.话语与翻译[M].武汉:武汉大学出版社,2010.

[104] 穆诗雄.翻译标准与翻译目的、对象和语篇类型——重温严复的译论[J].外语与外语教学,2001(5):51-53.

[105] 欧阳哲生.严复评传[M].南昌:百花洲文艺出版社,2015.

[106] 潘文国.汉英语言对比概论[M].北京:商务印书馆,2004.

[107] 潘学权.无声的另一面:食人主义与翻译研究[J].北京第二外国语学院学报,2003(4):46-49.

[108] 钱锺书.谈艺录[M].北京:中华书局,1984.

[109] 切斯特曼,安德鲁.翻译模因论:修订版[M].傅敬民,译.上海:上海外语教育出版社,2000.

[110] 全立波.现代汉语复句研究述评[J].株洲师范高等专科学校学报,2004,9(6):114-117.

[111] 尚媛媛.语境层次理论与翻译研究[M]//功能语言学与翻译研究.北京:外语教学与研究出版社,2010.

[112] 邵璐.Bourdieu社会学视角下的重释中国近代翻译史——以并世译才严复、林纾为例[J].中国外语,2012,9(1):77-83.

[113] 申小龙.中文的中文性研究[M].上海:复旦大学出版社,2019.

[114] 申雨平,戴宁.实用英汉翻译教程[M].北京:外语教学与研究

出版社,2000.

[115] 司显柱.论语篇为翻译的基本单位[J].中国翻译,1999,23(2):14-17.

[116] 司显柱,曾剑平.汉译英教程[M].上海:东华大学出版社,2006.

[117] 司显柱,曾剑平.语篇:功能·类型·翻译[J].中国科技翻译,2007(2):8-11.

[118] 司显柱.论语境层次性对翻译的张力关系[M]//功能语境研究.北京:外语教学与研究出版社,2011.

[119] 司显柱.功能语言学与翻译研究—翻译质量评估模式建构[M].北京:外语教学与研究出版社,2017.

[120] 斯沃茨,戴维.文化与权力:布尔迪厄的文化社会学[M].陶东风,译.上海:上海译文出版社,2012.

[121] 宋以丰.心灵哲学视域下的功能主义翻译理论研究[J].中国翻译,2020(2):125-133.

[122] 孙雪羽.系统功能语言学视角下的多模态语篇翻译研究[M].长沙:湖南师范大学出版社,2019.

[123] 孙致礼.翻译与叛逆[J].中国翻译,2001,22(4):18-22.

[124] 谭业升.认知翻译学探索:创造性翻译的认知路径与认知制约[M].上海:上海外语教育出版社,2012.

[125] 谭载喜.新编奈达论翻译[M].北京:中国对外翻译出版公司,1999.

[126] 谭载喜.翻译学作为独立学科的求索与发展[M].上海:复旦大学出版社,2017.

[127] 谭载喜.西方翻译简史[M].北京:商务印书馆,2009.

[128] 王爱琴,高万隆.英汉互译理论与实务[M].南京:南京大学出版社,2011.

[129] 王德春. 语言学通论[M]. 北京: 北京大学出版社, 2006.

[130] 王东风. 连贯与翻译[M]. 上海: 上海外语教育出版社, 2009.

[131] 王东风. 一只看不见的手——论意识形态对翻译实践的操纵[J]. 中国翻译, 2003, 24(5): 16 – 23.

[132] 王克非. 论严复《天演论》的翻译[J]. 中国翻译, 1992, 13(3): 6 – 10.

[133] 王全智. 小句复合体与复句的比对研究[J]. 外语与外语教学, 2008(11): 9 – 12.

[134] 王文斌. 论英汉的时空性差异[M]. 北京: 外语教学与研究出版社, 2019.

[135] 王晓农. 基于认知语言学的语篇翻译研究[M]. 成都: 西南交通大学出版社, 2011.

[136] 王雪. 语篇体裁、语篇类型与翻译[J]. 外语与外语教学, 2004(10): 51 – 53.

[137] 王勇, 周迎芳. 基于功能语法的小句本位观[J]. 外国语, 2020(4): 34 – 42.

[138] 吴南松. 功能翻译理论及其在文学翻译批评中的适用性[J]. 解放军外国语学院学报, 2003(3): 69 – 73.

[139] 吴汝纶. 《天演论》序[M]//严复集: 第五卷. 北京: 中华书局, 1986.

[140] 谢天振. 当代国外翻译理论导读[M]. 天津: 南开大学出版社, 2008.

[141] 辛红娟, 汪壁辉. 汉语外位语结构及其翻译[J]. 长沙铁道学院学报: 社会科学版, 2003, 4(4): 28 – 31.

[142] 邢福义. 小句中枢说[J]. 中国语文, 1995(6): 420 – 428.

[143] 邢福义. 汉语复句研究[M]. 北京: 商务印书馆, 2001.

[144] 许均. 论翻译之选择[J]. 外国语, 2002(1): 62 – 69.

［145］许余龙.对比语言学［M］.上海:上海外语教育出版社,2010.

［146］严复.《名学浅说》译者自序(1908)［M］//翻译论集.北京:商务印书馆,2008.

［147］严复.《天演论》译例言［M］//翻译论集.北京:商务印书馆,2008.

［148］王栻.严复集:第五卷［M］.北京:中华书局,1986.

［149］颜林海.翻译认知心理学［M］.北京:科学出版社,2007.

［150］杨自俭.对比语篇学与汉语典籍英译［J］.外语与外语教学,2005(7):60-62.

［151］杨柳.翻译诗学语意识形态［M］.北京:科学出版社,2010.

［152］余静.规范冲突中的翻译行为模式研究［J］.外国语,2020(4):92-99.

［153］俞吾金.意识形态论:修订版［M］.北京:人民出版社,2009.

［154］袁邦株,林长洋.翻译研究:目的论与规范论的结合［J］.四川外语学院学报,2007(6):116-120.

［155］张德禄,刘汝山.语篇连贯与衔接理论的发展和应用:第二版［M］.上海:上海外出教育出版社,2018.

［156］张美芳.功能途径论翻译:以英汉翻译为例［M］.北京:外文出版社,2015.

［157］张南峰.中西译学批评［M］.北京:清华大学出版社,2004.

［158］张南峰.多元系统翻译研究:理论、实践与回应［M］.长沙:湖南人民出版社,2012.

［159］张培基,等.英汉翻译教程:修订本［M］.上海:上海外语教育出版社,2009.

［160］张培基.英译中国现代散文选［M］.上海:上海外语教育出版社,1999.

［161］张新红,李明.商务英语翻译:英译汉［M］.北京:高等教育出版

社,2003.

[162] 张一兵.阿尔都塞:意识形态理论与拉康[J].学习与探索,2002(4):1-5.

[163] 赵春雨.安德烈·勒菲弗尔翻译思想研究[M].上海:上海交通大学出版社,2020.

[164] 赵元任.汉语口语语法[M].吕叔湘,译.北京:商务印书馆,1979.

[165] 周志培.汉英对比与翻译中的转换[M].上海:华东理工大学出版社,2003.

[166] 朱文华.关于晚清新文体的"恶评"问题及其他[J].江淮论坛,2001(4):99-103.

[167] 朱永生,郑立信,苗兴伟.英汉语篇衔接手段对比研究[M].上海:上海外语教育出版社,2001.

[168] 庄绎传.英汉翻译简明教程[M].北京:外语教学与研究出版社,2002.

[169] 周领顺.翻译之道:在"求真"和"务实"间平衡[J].重庆交通大学学报:社会科学版,2020(1):70-75.

后 记

自我从事翻译学习和教学迄今已十数年,在此过程中有不少思考和感悟,本书就是对这些所思所感进行的归纳和反思。由于不是严格的、条分缕析的学术著作,其中难免错误疏漏之处,恳请各位专家和同仁惠予指正。

撰写一本关于翻译的书,是我在硕士研究生阶段即怀有的梦想。在此,特别感谢我翻译学习之路的引路者——我的硕士生导师余富斌教授。撰写本书的实质性意向始于两年前,其间多有波折,但在井冈山大学外国语学院领导的关怀和家人的理解下,最终还是得以完稿。在此,谨对井冈山大学外国语学院的袁邦株院长、胡闽华书记及其他各位领导表示深深的谢意。还要诚挚感谢尹根德、朱景华、肖丽艳、肖新英、许燕、徐睿、王传顺、刘睿、周小琴、覃玖英、匡凤、彭羽婷、乐青、喻萍、罗艳等诸多老师给予的启发和帮助。

杨立学博士和孙仕光博士详细阅读了书稿并提出许多宝贵的修改意见,在此谨致谢忱。韩蓓和杨宇婷两位同学为本书提供了许多宝贵资料,韩蓓还仔细校对了书稿文字,在此深表谢意。

书中内容包含我在《四川外语学院学报》等期刊发表的两篇论

文，特此说明。

  感谢我的妻子和两个孩子的照顾、陪伴和理解。本书的出版是一个工作阶段的缩影。生活美丽如画，也纷乱如麻。伟人曾道："我们的同志在困难的时候，要看到成绩，要看到光明，要提高我们的勇气。"是以自勉。

林长洋

2022 年 9 月